기독교문서선교회(Christian Literature Center: 약칭 CLC)는 1941년 영국 콜체스터에서 켄 아담스에 의해 시작되었으며 국제 본부는 미국 필라델피아에 있습니다. 국제 CLC는 59개 나라에서 180개의 본부를 두고, 약 650여 명의 선교사들이 이동 도서차량 40대를 이용하여 문서 보급에 힘쓰고 있으며 이메일 주문을 통해 130여 국으로 책을 공급하고 있습니다. 한국 CLC는 청교도적 복음주의 신학과 신앙 서적을 출판하는 문서선교기관으로서, 한 영혼이라도 구원되길 소망하면서 주님이 오시는 그날까지 최선을 다할 것입니다.

요한계시록 일곱 교회 읽기:

예수 그리스도의 마지막 편지

Reading Seven Churches of Revelation: The Last Letter of Jesus Christ
Written by Jungbo Kang
All rights reserved.
Korean Edition Copyright ⓒ 2019 by Christian Literature Center, Seoul, Korea

요한계시록 일곱 교회 읽기: 예수 그리스도의 마지막 편지

2019년 5월 3일 초판 발행

| 지은이 | 강정보 |

편집	곽진수
디자인	박인미
펴낸곳	(사)기독교문서선교회
등록	제16-25호(1980.1.18)
주소	서울특별시 서초구 방배로 68
전화	02-586-8761-3(본사) 031-942-8761(영업부)
팩스	02-523-0131(본사) 031-942-8763(영업부)
이메일	clckor@gmail.com
홈페이지	www.clcbook.com
송금계좌	기업은행 073-000308-04-020 (사)기독교문서선교회

ISBN 978-89-341-1969-2(93230)

이 도서의 국립중앙도서관 출판예정도서목록(CIP)은 서지정보유통지원시스템 홈페이지 (http://seoji.nl.go.kr)와 국가자료공동목록시스템(http://www.nl.go.kr/kolisnet)에서 이용하실 수 있습니다. (CIP제어번호: CIP2019012771)

이 책의 저작권은 저자와 (사)기독교문서선교회가 소유합니다. 신저작권법에 의하여 한국 내에서 보호받는 저작물이므로 무단 전재와 무단 복제를 금합니다.

CLC 읽기 시리즈 **9**

예수 그리스도의 마지막 편지

요한계시록
일곱 교회 읽기

강정보 지음

CLC

목차

저자 서문   6

제1장   서론   8
제2장   에베소교회에 보내는 예수 그리스도의 편지 (계 2:1-7)   23
제3장   서머나교회에 보내는 예수 그리스도의 편지 (계 2:8-11)   40
제4장   버가모교회에 보내는 예수 그리스도의 편지 (계 2:12-17)   55
제5장   두아디라교회에 보내는 예수 그리스도의 편지 (계 2:18-29)   74
제6장   사데교회에 보내는 예수 그리스도의 편지 (계 3:1-6)   90
제7장   빌라델비아교회에 보내는 예수 그리스도의 편지 (계 3:7-13)   108
제8장   라오디게아교회에 보내는 예수 그리스도의 편지 (계 3:14-22)   129
제9장   결론   157

부록   171

저자 서문

강 정 보 목사
전 서울 애린교회 담임(원로), 전 총회신학연구원 학장

"처음과 나중," "알파와 오메가"가 되시는 예수 그리스도께서는 스스로 영원하시면서도 시간의 시작이 되시며 또한 마지막이 되심을 선포하셨습니다. 시간의 알파와 오메가는 영원이라는 범주 안에 속해 있는 한정된 시간입니다. 이 시간 안에서 인류의 역사가 시작되었고, 그리고 끝을 맺을 것입니다. 그뿐만 아니라 인류의 자랑거리인 문명도 이 시간 속에서 시작되고 종말을 맞을 것입니다.

예수 그리스도께서는 이런 사실이 진리임을 선포해 주고 계십니다. 예수 그리스도의 마지막 편지는 예수 그리스도께서 당시 소아시아에 있던 일곱 교회들에게 보내는 편지로서 지금부터 약 2,000년 전에 기록된 것이지만 오늘 21세기를 살아가는 현대인들에게도 동일하게 유효한 것입니다. 이것은 현대인들을 위한 예수 그리스도의 간절함이 넘

치는 마지막 편지입니다.

　주님의 몸된 교회가 여러 가지 거짓의 유혹을 이기고, 모든 환난과 박해를 믿음으로 견디고, 승리자가 되어 주님이 약속하신 복된 상급을 받게 되기를 주님께서 바라고 계십니다.

　현재 세계적으로 일어나고 있는 현상들은 성경의 예언들을 성취하도록 독촉하고 있으며, 종말로 향한 달음질을 재촉하고 있습니다.

　이제 지상교회는 정신을 차려야할 때가 되었습니다. 안일에 도취된 깊은 잠에서 깨어나야 되겠습니다. 신비주의와 토속화신앙의 병에서 성령으로 치료받고, 우리의 심령을 냉각시키는 이성주의와 우리의 영혼을 현혹시키는 세속화적 사상에서부터 그리스도의 피를 믿는 믿음에로, 그리고 그 피로 인한 새로워짐과 거룩함으로 새롭게 변화되어야 할 것입니다.

　그리고 처음 사랑을 되찾아 초대교회의 생동적이며 기적적인 능력으로 새 옷을 입읍시다. 하나님의 말씀위에 태산처럼 든든히 서서 진리를 지키고 증언하는 교회가 됩시다. 사랑과 용서와 화합으로 하나가 되어 세상 사람들에게 예수 그리스도의 참 모습을 나타내 보이는 교회가 되어야 할 것입니다.

　이 작은 종에게 건강을 주시는 하나님께 감사를 드리며, 본서를 펴내는 데 크게 도움을 주신 기독교문서선교회(CLC) 박영호 목사님과 직원 여러분들의 노고에 진심으로 감사드립니다.

2019년 3월
마포 서강나루에서

제 1장

서론

요한계시록은 신약성경 가운데서 가장 특색 있는 책이다. 복음서와 사도행전과 같이 예수 그리스도의 행적이나 역사를 기록한 것이 아니며, 서신들처럼 교리와 교훈을 말하는 것도 아니다. 신약성경 가운데서 유일한 예언서이다.

사도 요한이 로마 도미티아누스 황제(51-96)의 박해로 인해 밧모섬에 유배된 상태에 있을 때 곧 95-96년경에 본서가 기록된 것으로 여겨지고 있다.

네로(Nero) 황제(54-68 재위)의 박해(64-68)가 지나고 도미티아누스(Domitianus) 황제(84-96)의 전국적인 핍박이 가해지던 시기였기 때문에 성도들에게 끝까지 인내하기를 부탁하며 위로와 용기와 힘을 주고 소망을 주기 위해 기록한 것이다. 동시에 주님이 다시 오시는 날까지 지상에 있는 교회와 성도들이 모든 환난 가운데서 승리하도록 도움을 주기 위해서이다.

사도 요한은 약 10년 동안 에베소에서부터 약 75km 떨어진 밧모(Πατμω)섬에 유배 상태에 있다가 트리안(Trajan) 황제(98-117)의 허락을 받고 석방되어 다시 에베소로 돌아와 그곳을 중심으로 해서 교회를 치리한 것으로 여겨진다. 그곳에서 그는 100세가 되어 세상을 떠날 때까지 여생을 보냈다. 요한은 죽은 후 오랫동안 희생적으로 목회하던 에베소에 묻히었다. 사도 요한의 제자로서는 폴리갑(Polycarp), 파피아스(Papias), 그리고 이그나티우스(Ignatius) 등이 있다.

계시(啓示)라는 말은 헬라어로는 '아포카뤂시스'(αποκαλυψις)라는 말인데 '아포'(απο, ~부터, ~에서부터)와 '카뤼프토'(καλυπτω, 덮다, 베일을 드리우다) 의 복합어로서 "드러내다," "나타내다," "베일을 벗기다"라는 뜻이다. 곧 지금까지 숨겨져 있던 하나님의 비밀을 인간들에게 나타내 알려 주신다는 것이다.

성경 전체가 하나님의 계시이다. 자신을 숨기실 수 없으셨던 하나님께서 자신을 인간들에게 나타내시기를 즐겨하셨다. 다니엘서와 다른 예언서들이 진실한 하나님의 계시의 말씀인 것처럼 창세기와 마태복음도 진실한 하나님의 계시이다. 그리고 성경 가운데 마지막 책은 세계의 모든 문제에 대한 하나님의 대답으로서 부활하신 예수님을 나타내 보이시는 특별한 축복이 있는 특수한 계시이다.

그리고 이 요한계시록은 하나님의 모든 계시의 종지부를 찍은 최후의 계시이다. 왜냐하면 우리는 이 요한계시록에서 창세기의 완성을 볼 수 있기 때문이다. 그리고 우리는 성경의 모든 예언이 이 마지막 요한계시록에서 성취되고, 세계사(世界史)에서 그대로 이루어져 나가고 있음을 보기 때문이다.

마가복음 1:1에 "하나님의 아들 예수 그리스도의 복음의 시작이라"고 마가복음이 시작되고 있는 것처럼 이 요한계시록은 1:1에 명시한 대로 바로 "예수 그리스도의 계시"(아포카뤂시스 이예수 크리스투, Αποκαλυψις Ιησου Χριστου)라는 말씀으로 시작하고 있다. 복음이 하나님의 아들 예수 그리스도의 복음인 것 같이 요한계시록도 예수 그리스도의 계시이다.

사도 요한은 다만 그 계시를 받고 기록하여 일곱 교회에 보낸 전달자에 불과한 종이다. 사도 요한은 예수 그리스도의 종으로서 예수의 환난과 나라와 참음에 동참한 자요, 하나님의 말씀과 예수의 증거 때문에 밧모섬에 유배되어 있는 자신을 소개하고 있다(계 1:9).

전설에 의하면 사도 요한은 로마 도미티아누스 황제의 박해 시에 예수를 부인하라는 명령과 회유에 굴복하지 않고 거부하자 끓는 기름 가마 속에 던져졌으나 머리카락 하나도 타지 않고 살아 있자 한번 사형 집행 된 자가 죽지 않으면 다시 사형시킬 수 없다는 로마 법률에 따라 무인도인 밧모섬에 유배시킨 것이라 한다. 그곳에서 요한은 고독과 육체적 고통과 음식의 고통이 있었다.

그러나 그런 고통 중에서도 오히려 요한은 기도에 힘썼다. 그 결과 우리 주님께서는 사도 요한에게 주님의 계시를 보여 주셨다. 이것은 요한에게 주어진 큰 축복이었다. 진실로 증인(말튀레스, Μαρτυρες)의 길은 순교자(Martyr)의 길임을 행위로 말해 주고 있다.(참고. 헬라어 Μαρτυρες가 영어의 Martyr로 번역됨)

예수 그리스도께서 그의 천사를 보내어 요한에게 보여 주신 계시이다.

① 영광의 주님이 나타나 주셨다.
② 요한을 영으로 인도하사 천국으로 안내해 주셨다. 그리고 천국의 모 든 영광스러운 모습을 보여 주셨다.
③ 앞으로 되어질 세계사(世界史)의 진행을 보여 주셨다.
④ 세계 교회의 영적 상태를 보여 주셨다. 그 대표적인 교회가 소아시아에 있는 일곱 교회이다.

요한계시록은 복음서와 사도행전과 서신들에서 즉 신약성경의 다른 어떤 책에서 하나님께 접근하는 것과는 전혀 다른 방법으로 우리를 하나님께로 이끌고 있다.

신약성경의 다른 책들은 성육신하신 하나님, 대속의 죽음을 죽으신 하나님, 부활, 승천하신 하나님, 그리고 성령으로 강림하시고 다양하게 역사하시는 하나님을 소개하는가 하면 요한계시록은 "다시 오실 예수 그리스도"를 소개한다. 바꿔 표현하자면 "이제도 계시고, 전에도 계시고, 장차 오실 이"(계 1:4)에게로 우리를 인도한다. 초림의 주님은 구원하기로 선택하신 자들을 구원하기 위해 오셨으나 재림하실 주님은 마귀와 그의 추종자들과 불신자들을 모두 심판하기 위해 오실 것이다.

1. 요한계시록의 특징과 형식

본서의 가장 특이한 점은 그 기술(記述)의 형식에 있다. 그 내용에 있어서 유형, 무형의 사건을 표현하면서 여러 가지 특정적인 표현을 사용하고 있다는 것이다. 서책, 나팔, 금 촛대, 봉인, 인, 용, 동물, 여자 등 모두가 표징의 나열이다. 따라서 그 표징들이 무엇을 의미하는가를 아는 것이 중요하다.

본서는 일곱이라는 완전수를 골격으로 이루어져 있다. 일곱 교회, 일곱인, 일곱 나팔, 일곱 금 촛대 등을 중심으로 하여 일곱이라는 수가 많이 사용되어 있다.

본서는 문장에서도 특이한 점이 있다. 그리고 문장의 문법에서도 규칙을 위반한 형식을 취하고 있다는 점 들을 들 수 있다.

기재 방법에서도 다른 묵시문학의 경우와 마찬가지로 당시의 박해자인 권력자들에 대한 표현을 당시 그리스도인들은 그가 누구라는 것을 잘 알고 있었으리라고 여겨진다. 그래서 본서는 일반 성도들에게는 위로와 격려를 해주고 다른 한편 세상 사람들에게는 멸망을 예언하고 있다. 이런 면에서 본서는 하나의 밀봉된 신비의 책이다.

저자 사도 요한은 이 계시의 주인이신 예수 그리스도를 다음과 같이 소개하고 있다.

① 계시의 주체자(계 1:1).
② 이제도 계시고 전에도 계시고, 장차 오실 이(계 1:4, 8).
③ 죽은 자들 가운데서 먼저 부활하신 자(계 1:5, 18).
④ 땅의 임금들의 머리가 되신 자(계 1:5).
⑤ 은혜와 평강의 근원이 되신 자(계 1:5).
⑥ 우리를 사랑하사 그의 피로 우리 죄에서 우리를 해방해 주시는 이(계 1:5).

⑦ 우리를 나라와 제사장으로 삼아주신 이(계 1:6).

⑧ 장차 구름을 타고 오실 이(계 1:7).

⑨ 알파와 오메가가 되신 분(계 1:8).

⑩ 처음과 나중이 되신 분(계 1:17).

⑪ 전능자(계 1:8).

⑫ 인자 같은 이(계 1:13).

⑬ 일곱 촛대 사이에 계신 분(계 1:13).

⑭ 발에 끌리는 옷을 입고 가슴에 금띠를 띠고 계신 분(계 1:13).

⑮ 머리가 흰 양털 같고, 흰 눈 같으신 분(계 1:15).

⑯ 눈은 불꽃 같고(계 1:14).

⑰ 발이 풀무에 단련한 주석 같고(계 1:15).

⑱ 음성은 많은 물소리와도 같고(계 1:15).

⑲ 오른손에 일곱 별을 가지신 이(계 1:16).

⑳ 입에 좌우에 날 선 검이 나오고(계 1:16).

㉑ 그 얼굴은 해같이 힘 있게 비춰임(계 1:16).

㉒ 사망과 음부의 열쇠를 가지신 분(계 1:18).

㉓ 오른손에 일곱 별과 일곱 촛대를 가지신 분(계 1:20).

이와 같은 예수 그리스도의 모습을 인간의 어떠한 방법으로도 표현하기가 불가능하다. 다만 이해할 수 있는 참된 방법은 오직 성령의 가르치심에 따라 "신령한 것은 신령한 것으로 분별하느니라"(고전 2:13)라는 말씀대로 이해해야 할 것이다.

현대 그리스도인들은 구약에 예언된 그리스도 그리고 초림의 그리스도, 지상에 활동하시던 예수 그리스도 그리고 십자가에 죽으신 대속의 그리스도와 부활 승천하신 그리스도에 관해서는 많은 관심을 기울이고 있고 교회와 신학교에서 설교와 강의를 함에 많은 시간을 할애하고 있다. 그러나 다시 오실 예수 그리스도에 관해서는 증거의 시간이 매우 적은 듯하다.

요한계시록은 특히 현대인에게 있어서 너무나 중대한 예언적 메시지이다. 왜냐하면 요한계시록에 예언된 말씀들이 현실적으로 성취되기 시작하는 현상들을 우리가 보고 있기 때문이다. 그러므로 우리는 이 예언의 말씀에 더 많은 시간과 노력을 기울여야 할 것이다.

헬라어에 "때, 시간, 날"을 표현하는 말이 '호라'(ὠρα), '헤-메라'(ἡμερα), '크로노스'(χρονος), '카이로스'(καιρος) 등 여러 가지가 있다. 요한계시록 1:3에 사용된 "때가 가까움이라"(호 갈 카이로스 엥귀스, ὁ γαρ καιρος εγγυς)의 "때"는 '카이로스'(καιρος)라는 단어가 사용되어 있다. 이 말은 "긴박한 때"를 의미하는 말이다. 성령께서는 사도 요한이 이 단어를 사용하도록 역사하셨다. 요한은 예수 그리스도의 재림 때, 종말의 때, 심판의 때, 예언 성취의 때 곧 결정적, 긴박한 때가 문 앞에 이르렀음을 경고하고 있는 것이다(계 22:20).

최후심판에 관한 예언의 말씀은 전무후무하고 너무나 엄청난 가공스럽고 무서운 현상을 말씀하고 있다. 창세기 1:2의 "땅이 혼돈하고 공허하며 흑암이 깊음 위에 있고"라는 현상은 창조를 위한 혼돈이었다면 요한계시록에 나타난 혼돈의 현상은 최후심판의 현상을 나타내는 현상이라 할 수 있다.

이것은 지구상에 있는 만물에 대한 심판일 뿐만 아니라 우주적 심판을 예언함이다. 최후에 하나님과 사탄의 대결적 현상이 아니라, 하나님께서 사탄과 그 추종자들에게 향한 절대적 권위적 심판이다.

어떤 사람들은 예수 그리스도의 재림과 최후심판을 믿지 않는다. 그리고 지구가 지금까지 존재해왔듯이 미래에도 영구히 존재할 것으로 생각한다. 그렇지만 믿지 않고 아무런 준비 없이 있다가 갑자기 최후심판이 도래했을 때 후회하며 멸망하는 것보다 현재 어리석어 보이고 미련해 보일지라도 종말적 최후심판을 믿고 준비한다면 언제든지 최후심판이 도래할지라도 두려움이 없을 것이다. 그러므로 믿지 않고 준비하지 않는 어리석음보다 믿고 준비하는 태도가 지혜로운 태도일 것이다.

성경에 있는 마지막 책인 요한계시록이 없이는 성경 중에 다른 부분들이 많은 의미를 상실하게 될 것이다. 요한계시록의 영광 가운데 있는 그 실제적인 이유를 발견하므로 창세기의 완성을 보게 된다. 만약에 죄의 들어옴만이 기록되고 그 죄에 대한 심판과 사망이 기록되지 않았다면 성경은 불완전한 성경이 될 것이다.

인간의 멸망은 성경의 첫머리에서 완전히 나타나 있고 인간의 구원은 요한계시록에 나타나 있다. 그리고 요한계시록은 창세기가 없이는 이해할 수 없다. 창세기와 요한계시록은 하나님께서 영원한 목적을 이루시기 위해 연결, 결합하고 조화를 이루는 하나님의 말씀이다.

알파(A)와 오메가(Ω)가 되시는 하나님께서는 창세기라는 과거의 시간과 현재 오늘의 상황과 종말이라는 미래를 동시에 항상 현재로 보고 계신다. 그래서 하나님은 알파와 오메가가 되신다. 창세기의 창조주로서 창조의 시작이 되시고 요한계시록의 재림과 심판으로 왕 중의 왕인 심판주로서 오메가가 되신다.

"이제도 계시고, 전에도 계시고, 장차 오실 이"(호 온- 카이 호 엔- 카이 호 엘코메노스, ὁ ων και ὁ ην και ὁ ερχομενος, 계 1:4) 라는 말씀은 예수 그리스도의 영존성(永存性)을 나타내며, 시간과 역사의 시작과 끝, 알파와 오메가가 되심을 의미하고 있다.

'호 온-'(ὁ ων)은 에이미(ειμι, 내가 있다, 이다)의 현재분사 능동태 남성 단수 주격으로서 "현재 존재하고 계신 분"을 의미하고, '호 엔-'(ὁ ην)은 에이미(ειμι, 내가 있다, 이다)의 미완료 3인칭 단수로서 "과거에 존재해 오고계시는 분"이라는 뜻이며, '호 엘코메노스'(ὁ ερχομενος)는 엘코마이(ερχομαι, 내가 오다, 가다)의 현재분사 남성 단수 주격으로서 "오고 계시는 분"이라는 뜻이다.

그래서 직역하자면 "지금 존재하고 계시는 분, 그리고 과거부터 존재해 오고 계시는 분, 그리고 지금 오고 계시는 분"이라고 할 수 있다. "오고 계시는 분"이라는 호칭에서 주님의 재림의 긴박성을 나타내고 있음을 깨닫게 된다. 우리 주님은 영원한 과거와 현재와 미래에 거쳐 시간을 초월하며, 동시에 시간 속에 존재하시는 시간의 주인으로서의 알파와 오메가이시다.

2. 일곱 교회

성경에는 여러 가지 숫자의 표시가 있다. 그 의미를 알므로 요한계시록을 이해하는 데 도움이 될 것이다.

일(1)이라는 숫자는 절대불가분(絶對不可分)을 의미한다.

이(2)는 증거 및 증인을 말한다.

삼(3)은 삼위의 하나님을 의미하며 완전수(完全數)이다.

사(4)는 동서남북, 지수화풍(地水火風)과 같이 땅을 나타낸다.

칠(7)은 삼과 사의 합한 숫자로서 완전수를 의미한다. 7은 요한계시록에서 가장 많이 사용된 숫자이다.

십(10)은 인간적인 완전을 의미한다.

십이(12)는 3과 4의 곱으로서 이스라엘 열두 지파, 열두 사도, 새 예루살렘 이 12라는 수로 이루어진 것처럼(계 21:12-21) 하나님의 나라와 백성에 관한 숫자이다.

사도 요한이 아시아에 있는 일곱 교회들에게 편지를 보내고 있다. 물론 당시에 소아시아에는 일곱 교회 이상의 교회들이 있었다. 사도 바울의 전도 여정을 상기해 보더라도 요한계시록에 있는 일곱 교회 이외에 다른 유명한 교회들이 있었음을 알 수 있다. 예를 들면 골로새교회, 갈라디아교회, 이고니온교회, 루스드라교회, 더베교회, 안디옥교회, 밀레도교회, 고린도교회 등이다.

그런데 왜 요한계시록에는 제한된 교회 수만을 기록했을까?

일곱이라는 수는 완전 수이기 때문에 하나님의 메시지를 전하는데 일곱 교회에서 행해지고 있는 상태를 설명하므로 충분하다고 생각한다. 이 일곱 교회는 제일세기에 산재해있던 모든 교회를 대표하는 것이다. 동시에 사도시대 부터 현대에 이르기까지 계속된 성장과 발전을 해왔으며, 주님께서 재림하실 때까지 꾸준히 성장해 갈 것이다. 각 시대마다, 각 국가와 지역마다 교회 상태의 내용이 다르게 나타나지만,

그 상태가 바로 각 시대를 대표하는 교회의 모습인 것이다. 그런 의미에서 요한계시록의 일곱 교회는 초대교회에서 시작하여 오늘날과 종말에 이르기까지의 세계교회를 대표한 교회들이라고 생각한다. 그리고 일곱 교회의 형편이 전 세대(全 世代)와 전 세계(全 世界)의 교회의 상태를 나타내는 것일 뿐만 아니라 각 지교회의 상황을 나타내기도 한다.

3. 일곱 영들

이것은 성령에게 주어진 독특한 명칭이며, 칠중 완전(七重 完全)한 영들이다.

성령은 하나이지만 여러 능력으로 역사하는 것이다. 이사야 선지자는 이 사실을 "여호와의 신 곧 지혜와 총명의 신이요, 모략과 재능의 신이요, 지식과 여호와를 경외하는 신이 그 위에 강림하시리라"(사 11:2)라고 언급한 바 있다.

예수 그리스도에게는 삼중(三重)으로 제목이 주어져 있다.

예수 그리스도는 "충성된 증인이시요, 죽은 자들 가운데서 먼저 나신 자요, 땅의 임금들의 머리"이시다. 이것은 예수 그리스도께서 자신을 희생의 제물로 드린 신실한 선지자와 제사장의 직무와 죽은 자 가운데서 부활하므로 땅의 모든 왕 위에 있는 왕의 직무의 삼중직무에서 본질적으로 인자(人子)로 나타나고 있다.

요한계시록에는 예수 그리스도에 대한 찬양이 점진적으로 더욱 커지고 더욱 웅장해지고 있다.

① 1:6, " 그에게 영광과 능력이 세세토록 있기를 원하노라"라고 이중 찬양을 드리고 있다.

② 4:11, "영광과 존귀와 능력을 받으시는 것이 합당하오니"라고 삼중찬양을 드리고 있다.

③ 5:13, "찬송과 존귀와 영광과 능력이"라고 사중 찬양을 드리고 있다.

④ 7:12, "아멘, 찬송과 영광과 지혜와 감사와 존귀와 능력과 힘이 우리 하나님께 세세토록 있을지어다 아멘"이라고 칠중으로 찬양하고 있다. 이것은 완전한 찬양이다.

일곱 교회의 비교

교회 내용	에베소 교회	서머나 교회	버가모 교회	두아디라 교회	사데 교회	빌라델비아 교회	라오디게아 교회
공통점	예수 그리스도의 손 안에.	예수 그리스도의 손 안에.	예수 그리스도의 손 안에.	예수 그리스도의 손 안에.	예수 그리스도의 손 안에.	예수 그리스도의 손 안에.	예수 그리스도의 손 안에.
발신자	일곱 별을 잡고 일곱 금 촛대 사이에 다니시는 이.	처음과 나중이요, 죽었다가 다시 살아나신 이.	좌우에 날선 검을 가지신 이.	눈이 불꽃 같고 그 발이 주석 같은 하나님의 아들.	하나님의 일곱 영과 일곱 별을 가지신 이.	거룩하고 진실하사 다윗의 열쇠를 가지신 이.	아멘, 충성, 참된 증인, 창조의 근본이신 이.
칭찬	행위, 수고, 인내, 악을 용납지 않음. 거짓 선지자 색출, 열심, 니골라당을 용납지 아니함.	환난과 궁핍 중에도 신앙이 부유함. 유대인의 회당을 이김	환난 중에 믿음을 지킨 것. 순교한 것.	사업, 사랑, 믿음, 섬김, 인내를 칭찬. 나중 행위가 처음보다 많다.	예수님께 합당한 자 몇 명이 있어 흰 옷을 입으리라.	적은 능력을 가지고 승리했다.	
책망	처음 사랑을 버린 것.		니골라당의 교훈을 따르는 자들이 있음.	이세벨을 용납함. 회개치 않음.	살았다는 이름은 가졌으나 죽은 자라. 온전한 행위가 없음.		차지도 덥지도 않다. 내 입에서 토하여 내치리라. 물질적 부요 속에 자아를 속이고 있다.
권면	회개하라, 회개치 않으면 촛대를 옮기리라.	죽도록 충성하라.	회개하라. 내 입의 검으로 싸우리라.	믿음을 굳게 지키라.	일깨우라. 굳게 하여라. 회개하라.	네가 가진 것을 굳게 잡으라. 면류관을 빼앗기지 말아라.	내게서 불로 연단한 금을 사서 부유하게 하여라. 흰 옷을 사 입어 수치를 가려라. 안약을 사서 보게 하라. 열심을 내라. 회개하라. 문을 열라.
약속	생명나무 열매를 먹게 함.	생명의 면류관을 주리라. 둘째 사망의 해를 받지 않으리라.	감추었던 만나와 흰 돌을 줌.	만국을 다스리는 권세를 줌. 새벽별을 줌.	이기는 자는 흰 옷을 입고 주님과 함께 다님. 이름을 생명책에서 흐리지않게 하리라. 하나님 앞에 시인하리라.	시험 중에 보호해 주심. 하나님 성전에 기둥이 되게 하심.	이기는 자에게는 내 보좌에 함께 앉게 하리라.

인(印)과 표(標)

1	인(스프라기스, σφραγις, 동사:스프라기조, σφραγιζω, to seal): 하나님의 소유의 표시(출 28:11; 계 7:2, 3), 하나님의 인(딤후 2:19; 롬 4:11; 계 9:4).	표(카라그마, χαραγμα, 동사:카라소, χαρασσω, to notch, imprinted mark, sculpture): 사탄의 소유의 표시, 짐승의 표(계 19:20).
2	인 맞은 자의 수: 144,000명과 큰 무리(계 7:3, 4; 14:1).	표 받은 자의 수: 불신자 모두(계 13:8, 16).
3	인의 위치: 이마(계 7:3; 9:4; 14:1; 22:4).	표의 위치: 이마와 손(계 13:6; 14:9, 11; 20:4).
4	인의 내용: 아버지의 이름, 어린 양의 이름(계 7:2; 14:1; 22:4).	표의 내용: 짐승의 표, 짐승의 이름, 짐승의 숫자, 666(계 13:11-16, 17, 18; 14:11; 16:2; 19:20).
5	인 맞은 자의 자격: 믿음으로 의로워짐(롬 4:11), 주님께 인정받음(딤후 2:19), 참되다고 인정(요 3:33).	표 받은 자의 자격: 표 받은 자만이 매매함(계 13:17).
6	인침의 방법: 성령으로(고후 1:22; 엡 1:13).	표의 방법: 사탄으로.
7	인침의 기간: 구속의 날까지(엡 4:30).	표의 기간: 영원히(계 20:10).
8	인 맞은 자의 위치: 어린 양과 함께(계 14:1; 21:5), 그리스도와 함께 영광 중에.	표 받은 자의 위치: 성 밖에(계 22:15), 불 못에(계 20:14-15; 19:20).
9	인 맞은 자가 할 일: 새 노래를 부름(계 14:3).	표 받은 자가 할 일: 슬피 울며 이를 갈고 영원히 고통함(계 20:10; 마 25:45).
10	인 맞은 자의 축복: 첫째 부활에 참여함(계 20:4-6). ① 그리스도와 함께 천 년간 왕 노릇함(계 20:4, 6). ② 첫째 부활에 참여(계 20:5, 6). ③ 하나님의 위로를 받음(계 21:1-4). ④ 그리스도의 신부가 됨(계 21:9). ⑤ 천국에 들어감(계 21:10-27). ⑥ 상급을 받음(계 22:12).	표 받은 자들에게 임할 벌: ① 불과 유황의 고난(계 14:9-11). ② 독종(계 16:2). ③ 둘째 사망(계 20:14, 15). ④ 유황과 불 못에 던지움(계 19:20, 21; 21:8). ⑤ 영원한 불(마 25:41).

소아시아 일곱 교회 위치 지도

제2장

에베소교회에 보내는 예수 그리스도의 편지
(계 2:1-7)

예수 그리스도의
마지막 편지

1. 에베소 (에페쉬스, Εφεσυς)

에베소는 소아시아 서부해안에 위치해 있으며, 터키 이즈미르주에 있는 고대 그리스의 식민지로서 카이스트로스(Kaystros)강 하구에 위치해 있다. 소아시아에서 제일의 도시이며, 상업과 교통의 중심지였다. 당시 인구는 225,000명이 거주하는 도시로서 소아시아 지방의 수도였다. 로마 제국의 아주 중요한 도시로서 동방으로 향한 문호였다. 사도행전 19:35에 의하면 아데미의 신전(神殿)이 있고, 우상숭배와 황제예배의 중심지이며, 마술과 미신이 성행한 도시였음을 알 수 있다.

아데미(Diana)는 "안전" 혹은 "건전"이라는 뜻이다. 에베소의 아데미는 원래 자연의 생산 보육을 상징하는 "대지의 여신"으로 젖통이 많이 달린 보기 흉한 형상으로 되어 있었다. 제사의식은 음탕하여 신당에서 종교 매음을 했다. 아데미의 신상은 하늘에서 내려왔다고 하며 (행 19:35) 운석이었던 것을 암시한다. 그러나 실제는 박달나무로 만든 목제 신상이다. 옛 신상은 BC 356년에 헤로스트라트스가 불 질러 태워버렸으나, BC 323년에 새로 크고 아름답게 희랍식으로 지었다. 순대리석으로 건축했으며, 길이 129m, 너비 67m, 높이 18m의 돌기둥 127개로 되어 있었다. 그중 37개는 미술적인 장식을 했으며 건축 기간은 220년이나 걸렸다. 세계 7대 불가사의 중 하나이다.

아데미 여신에게 숭배하는 것은 아주 음탕하고 파렴치하고 악덕이 끊일 줄 모르는 우상숭배의 제사였다.

2. 에베소교회

하나님께서는 이와 같은 도시에 사도 바울을 보내어 복음을 전하게 하셨다. 성령께서는 아데미 여신에게 경배하기 위해 사방에서 모여든 많은 사람에게 복음을 전할 기회를 바울에게 주셨다. 사도 바울이 제2차 전도 여행시(행 18:18-21)에 에베소를 방문했었고, 제3차 전도 여행 시(54-57)에 장기간 이곳에 머물며 전도했다(행 20:35 이하). 사도 바울은 이곳에서 자기 생애 중에서 가장 놀라운 활약을 했다. 바울의 전도를 받은 군중들이 기독교로 개종하여 신자가 되었다. 에베소교회를 중심으로 하여 주위 160km 안에 각 도시마다 교회가 설립되었다.

그래서 에베소는 급속도로 세계적 선교중심지가 되었다. 아볼로와 디모데도 이곳에서 활약했으며 후에 사도 요한도 이곳을 중심으로 전도했다. 그래서 에베소교회는 바울이 심고 요한이 물을 주어 키운 교회라 할 수 있다.

에베소는 교통의 중심지요, 또한 전도의 중심지가 되었다. 이곳에 세워진 에베소교회는 소아시아지방에서 처음 설립된 교회이며, 세계적으로 가장 유명한 교회 중의 하나였다.

3. 발신자

오른손에 있는 일곱 별을 붙잡고 일곱 금 촛대 사이를 거니시는 이 (Ταδε λεγει ὁ κρατων τους ἑπτα αστερας εν τη δεξια αυτου, ὁ περιπατων εν μεσω των ἑπτα λυχνιων των χρυσων, 계 2:1).

- '타데'(ταδε): '호데'(ὁδε, this, that, he, she, it)의 중간태 복수 여격.
- '크라톤-'(κρατων): '크라테오-'(κρατεω, 붙잡다, 굳게 붙잡다)의 현재분사 능동태 남성 단수 주격.
- '호 크라톤'(ὁ κρατων): 굳게 붙잡고 있는 자.
- '투-스 헤프타 아스테라스'(τους ἑπτα αστερας): 일곱 별들을.
- '덱시아'(δεξια): 오른편.
- '페리파톤'(περιπατων): '페리파테오'(περιπατεω, 걷다, 거닐다)의 현재분사 남성 단수 주격.

- '엔 메소-'(εν μεσω): 가운데에, 사이에.
- '톤 헤프타 뤼크니온-톤- 크리손'(των ἑπτα λυχνιων των χρισων): 일곱 금 촛대들의.

일곱 별은 일곱 교회의 사자들이고, 일곱 촛대는 일곱 교회를 뜻하며, 교회의 사자들을 오른손 안에 붙잡고 계시고, 교회들 사이를 거니시는 이는 바로 교회를 세우시고(마 16:18), 교회의 주인이 되시는 예수 그리스도께서 교회들을 지배하고 친히 목양하고 계심을 표현하는 말이다.

그리스도와 교회가 친밀한 관계에 있음을 나타내며, 교회의 상태를 살피시고 도우신다. 비록 주님께서는 하늘에 계실지라도 지상에 있는 주님의 교회들 속에서 활동하고 계심을 뜻함이다. 교회 안에 무슨 잘못이 있는지, 교회가 무엇을 원하고 있는지를 살피신다. 주님의 장중(掌中)에 소유된 교회와 성도들은 안전한 것이다. 그리고 교회 사이에 거니시는 주님은 우리와 밀접한 관계의 생활 곧 신비적 연합(뮈스티코스 쉼퓌-토스, μυστικος συμφυτος)을 이루고 있음을 뜻한다.

4. 수신자

"에베소 교회의 사자에게"(계 2:1).

'앙게로-'(αγγελω)는 '앙게로스'(αγγελος, 천사, 사자, 전달자)의 여격으로서 '사자(使者)에게'를 뜻한다. 곧 예수 그리스도의 종(從)인 에베소교회의 감독(목사)을 지칭하는 말이다. 동시에 교회의 사자는 그 교회를 대표하기 때문에 그리스도의 몸인 교회 공동체 전체를 의미하기도 하는 것이다.

5. 편지의 내용

에베소교회에 보내는 편지는 칭찬, 책망, 권면, 약속으로 이루어져 있다. 예수 그리스도께서는 모든 것을 알고 계시다. 전지하신 주님 앞에 숨길 수 있는 것은 아무것도 없다. 히브리서 4:13에 "지으신 것이 하나라도 그 앞에 나타나지 않음이 없고 오직 만물이 우리를 상관하시는 자의 눈앞에 벌거벗은 것 같이 드러나느니라"는 말씀대로 모든 것을 명확히 알고 계시다.

1) 칭찬

내가 네 행위와 수고와 네 인내를 알고 또 악한 자들을 용납하지 아니한 것과 자칭 사도라 하되 아닌 자들을 시험하여 그의 거짓된 것을 네가 드러낸 것과 또 네가 참고 내 이름을 위하여 견디고 게으르지 아니한 것을 아노라(Οιδα τα εργα σου και τον κοπον και την ὑπομονην σου, και ὁτι ου δυνη βαστασαι κακους, και επειρασας τους λεγοντας ἑαυτους αποστολους και ουκ εισιν, και ἑυρες αυτους ψευδεις. και ὑπομονην εχεις, και εβαστασας δια το ονομα μου, και ου κεκοπιακες, 계 2:2, 3).

- '오이다 타 엘가 수-'(οιδα τα εργα σου): 나는 너의 일(행위)을 알고 있다.
- '톤 코폰 카이 텐- 휘포모넨- 수'(τον κοπον και την ὑπομονην σου): 너의 노력과 인내를.
- '우- 뒤네- 바스타사이 카쿠스'(ου δυνη βαστασαι κακους): 악한 자들을 용납하지 아니한 것.
- '에페이라사스 투스 레곤타스 헤아우투스 아포스토루스 카이 우크 에이신'(επειρασας τους λεγοντας ἑαυτους αποστολους και ουκ εισιν): 스스로 사도들이라고 말하나 아닌 자들을 시험했다.
- '휴레이스 아우투스 퓨스데이스'(ευρες αυτους ψευδεις): 거짓된 그들을 드러냈다, 발견했다.
- '휴포모넨 에케이스'(ὑπομονην εχεις): 네가 인내를 소유하고 있다.
- '에바스타사스 디아 토 오노마 무'(εβαστασας δια το ονομα μου): 나의 이름을 위하여 견디었다(지켰다).
- '우- 케코피아케스'(ου κεκοπιακες): 게으르지 아니한 것.

(1) 행위를 칭찬

신앙적 행위이다. 하나님께 영광 돌리는 믿음의 행위이다.

(2) 수고를 칭찬

복음전파를 위한 노고, 교회설립을 위한 노고, 부흥을 위한 노고, 그리고 형제 사랑의 노고와 여러 가지 봉사의 노고를 칭찬하심.

(3) 인내를 칭찬

우상숭배와 황제숭배의 강요로 인한 고난과 시험, 핍박 중에서도 굴하지 않고 믿음과 진리를 지키는 데 끝까지 인내한 것을 칭찬하심.

(4) 신앙의 옳고 그름을 식별한 것을 칭찬

바른 신앙과 그릇된 신앙을 식별할 수 있었다.

> 영을 다 믿지 말고 오직 영들이 하나님께 속하였나 분별하라 많은 거짓 선지자가 세상에 나왔음이라(요일 4:1).

> 지나쳐 그리스도의 교훈 안에 거하지 아니하는 자는 다 하나님을 모시지 못하되 교훈 안에 거하는 그 사람은 아버지와 아들을 모시느니라, 누구든지 이 교훈을 가지지 않고 너희에게 나아가거든 그를 집에 들이지도 말고 인사도 하지 말라(요이 9, 10).

위의 말씀을 따라 그들은 예수님의 직제자들인 사도들의 교훈으로 신앙의 옳고 그름을 식별할 수 있었고, 참 선지자와 거짓 선지자를 구별할 수 있었다.

거짓선지자는 신앙의 본질보다는 비본질적인 것을 강조한다. 기독교 신앙의 본질은 성경이 하나님의 말씀임을 믿으며, 유일신 여호와 하나님을 경외하고, 독생자 예수 그리스도의 성육신을 믿으며, 그의 대속의 죽으심과 생명의 부활과 승천과 재림을 믿는 것이다. 그리고 이신득의(以信得義)의 진리를 믿으며, 그리스도를 본받아 사랑을 실천하는 것이다.

악을 행하는 자를 묵인하는 것은 정의에 대한 둔감을 증명하는 것이다. 고린도교회가 그러했다(고전 5:1), 그러나 에베소교회는 악행자를 용납하지 아니했다. 불의, 불신앙, 비성경적인 것을 용납하는 것은 인내나 관용이나 사랑이 아니라 유약이요, 무지이다. 에베소교회는 자칭 사도라 하는 자를 시험하여 식별할 수 있는 영적 지혜를 가졌다.

(5) 니골라당을 미워한 것을 칭찬

니골라당(니코라티온-, Νικολατιων)이란 초대교회 교부들에 따르면 기독교로 개종했던 안디옥 사람 니골라 곧 초대교회 일곱 집사중 한 사람인 그(행 6:5)의 추종자들이라고 전해지고 있다.

그들은 기독 신자는 진리 안에서 자유하기 때문에 율법에서 해방되었고 윤리와 도덕의 폐기를 주장하였다. 드디어 자유 방종 주의, 무율법주의, 향락주의, 우상숭배의 대표적 종파가 되었다. 우상의 제물을 먹게 하고, 제물에 신의 축복이 있기 때문에 제물을 먹으므로 복되다고 했으며, 따라서 자연히 음행을 하게 했다. 그들은 진리를 왜곡(歪曲)하는 거짓말쟁이였으며, 평신도들 위에 왕으로 군림하려는 위선자들이었다. 실로 그들은 "하나님을 알지 못하는 자들이다"(고전 15:34). 에베소교회는 이러한 이단이 교회 안으로 들어오는 것을 방지하고 그들을 미워했다. 주님께서는 이러한 행위를 칭찬하고 계신다.

이처럼 주님께서는 에베소교회가 잘한 일들, 다섯 가지를 말하며 칭찬하셨다. 주님에게 칭찬 듣는 성도와 교회는 축복 된 것이다.

2) 책망

그러나 너를 책망할 것이 있나니 너의 처음 사랑을 버렸느니라(αλλα εχω κατα σου ότι την αγαπην σου την πρωτην αφηκες, 계 2:4).

"책망"이란 말은 헬라어로는 '카타 수-'(κατα σου)인데 '카타'(κατα)는 전치사로서 소유격과 합하여 '~에서 아래로, 대항하여'라는 뜻을 나타낸다. '수-'(σου)는 2인칭 명사의 소유격으로 '너의'라는 뜻이다. 그래서 '너를 대항하여, 너를 반대하여'라는 뜻으로 "너를 책망한다"라고 해석된다.

책망의 내용은 "처음 사랑을 버렸다"(텐- 아가펜- 수- 텐- 프로텐- 아페-카스, την αγαπην σου την πρωτην αφηκας)는 것이다. "버렸다"는 말은(아패카스, αφηκας)인데 '아피에-미'(αφιημι)의 제일부정과거형으로 '던져버리다, 차버리다, 잃어버리다, 포기하다'의 과거형이다.

기독교 신앙에 있어서 "처음 사랑"이란 예수를 구세주로 영접하고 성령의 불로 거듭나는 체험을 하여 속죄의 은총을 깨닫고 성령의 위로와 평화와 감사와 기쁨이 충만하여 예수 그리스도를 경외하고 사랑하기 시작하게 되며, 나아가 성도와 이웃을 예수의 심장을 가지고 뜨겁게 사랑하게 되고, 헌신하여 충성하게 되는 마음의 상태일 것이다.

예를 들면, 파스칼(Blaise Pascal 1623-1662)이 물리학과 수학의 학자로서 놀라울 정도로 학문에 진보적 모습을 보였으나 30세 때 곧 1654년 11월 23일 밤 10시부터 00시 30분 사이에 성경에서 예수 그리스도를 만나 성령에 의한 황홀경 속에서 불(火)을 체험하고는 "불"이라는 제목의 다음과 같은 글을 양피지에 적어 가슴에 품고 죽을 때까지 지니고 살았던 경우와 같지 않은가.

"불"(Feuer).

"아브라함의 하나님, 이삭의 하나님, 야곱의 하나님"은 철학자나 학자의 신(神)이 아니다.

확신, 확신, 감격, 환희, 평화.

예수 그리스도의 하나님,

나의 하나님 즉 너의 하나님이어라.

하나님 이외의 이 세상 및 일체 사물의 망각,

그는 복음에 표시된 길에 의해서만 발견된다.

인간의 영혼의 위대함이여,

의로운 아버지여, 세상은 당신을 전혀 모르며, 나는 당신을 아옵니다.

환희, 환희, 환희, 환희의 눈물.

나는 당신으로부터 떠나있었나이다.

만물의 원천이 나를 버렸나이다.

나의 하나님이여, 어찌하여 나를 버리셨나이까?

원컨대, 나 영원히 당신으로부터 떨어지지 않기를 ….

사도행전 20:36-37에 의하면 에베소교회는 예수 그리스도에 대한 경외심과 사랑 그리고 형제에 대한 사랑이 충만한 교회였음을 알 수 있다. 다시 말하자면 십계명 중에 첫째에서 넷째까지의 "하나님에 대한 사랑"이 충만하고, 다섯째부터 열째까지의 계명 "이웃에 대한 사랑"이 충만한 교회였다. 참으로 소아시아에서 어머니 교회답게 아름답고 모범적인 교회였다.

바울이 밀레도에서 에베소교회 장로들을 초청하여 최후의 당부를 한다. 내가 이제 예루살렘에 가서 어떤 일을 당할지 알 수 없으나 너희들은 신앙을 사수하라고 부탁한다. 서로 작별할 때 모두가 무릎을 꿇고 기도하고, 모두가 크게 울며, 바울의 목을 안고 입을 맞추고 작별했다.

이 광경만 보더라도 그들의 주님의 종, 사도 바울에 대한 사랑 곧 주님에 대한 사랑과 교회에 대한 사랑이 얼마나 뜨겁고 컸던 것임을 알 수 있다. 에베소교회 성도들은 십자가의 구속 은혜에 감격함이 있기에 충심으로 예수 그리스도를 사랑했다. 성령이 주시는 뜨거운 열정으로 주님을 사랑했다. 그리고 형제들을 사랑했고, 복음을 사랑했다. 그들에게는 언제나 주님을 향한, 그리고 형제를 향한, 또 교회를 향한 눈물이 있었다. 그들은 뜨거운 눈물을 흘릴 줄 알았다. 십자가를 질 줄 아는 교회였다. 이러한 사랑의 표현은 그들의 신앙의 증거요 표현이다.

우리는 그들에게서 원초적인 초대교회의 모습 곧 사도행전의 교회의 모습을 찾아보게 된다. 그들의 신앙은 단순했고 순수했다. 그러므로 그리스도를 뜨겁게 사랑하고 신앙할 수 있었다. 처음 사랑은 영원히 지속할수록 좋고 더 귀한 것이다.

그러나 에베소교회는 사도 바울이 염려한 대로 그 이후에 그렇게도 뜨거웠던 사랑을 잃어버리고 말았다. 그 귀한 사랑이라는 은사를 어디에 던져 버렸는지, 발길로 차 버렸는지, 포기해버렸는지 알지 못하게 되고 말았다.

사도 바울이 사도행전 20:29-35에 예언했던 대로 이단의 잠입 때문에 차츰 그 뜨거웠던 사랑이 식어가게 되었고, 드디어는 차가워지고 말았다. 이러한 사랑의 상실은 외압에 의한 것이 아니라 내부에서 일어난 상실이다. 에베소교회는

① 외부적으로는 단결이 공고해지고,
② 학문적으로 치우쳐 신앙의 옳고 그름을 정확히 판단하게 되고,
③ 이단을 경계하다 보니 너무나 교리적으로 치중하게 되고,
④ 자연히 처음 가졌던 열렬한 사랑이 점점 식고 드디어는 사랑을 상실하고 말았다.

교회의 주인이신 예수 그리스도께서는 에베소교회가 처음 사랑을 상실한 사실을 책망하고 계신다. 신앙생활은 머리로만 하는 것이 아니다. 신앙은 학문이 아니다. 신앙은 생명이다. 그리스도의 생명과 나의 생명의 만남에서 시작되는 것이다. 죄와 멸망에서 나의 생명을 구원해 주신 그 사랑과 은혜에 감사하여 더욱 주님을 사랑하고 헌신하는 것이 신앙이다. 머리는 차가울수록 좋으나 동시에 가슴은 뜨거울수록 좋은 것이다. 이것을 조화롭게 지닐 수 있어야 한다.

에베소교회가 진리를 지키려고 충성은 했으나 그리스도에 대한 열정적인 처음 사랑을 상실한 것은 예수님의 편에서 보실 때 책망하실만한 상태여서 강력하게 책망하고 계시다. 이 책망은 증오의 책망이 아니라, 사랑의 책망이라는 사실을 알아야 할 것이다. 에베소교회의 이러한 상태는 모든 시대의 모든 교회의 상황이기도 하다.

3) 권면

그러므로 어디서 떨어졌는지를 생각하고 회개하여 처음 행위를 가지라 만일 그리하지 아니하면 내가 네게 가서 네 촛대를 그 자리에서 옮기리라(μνημόνευε οὖν πόθεν πέπτωκας, καὶ μετανόησον καὶ τὰ πρῶτα ἔργα ποίησον· εἰ δὲ μή, ἔρχομαί σοι, καὶ κινήσω τὴν λυχνίαν σου ἐκ τοῦ τόπου αὐτῆς, ἐὰν μὴ μετανοήσῃς, 계 2:5).

주님께서는 책망으로만 끝나지 않으시고 권면을 하고 계신다. 이 권면은 너무나 아깝고 안타까워하시는 사랑의 권면이지만, 동시에 매우 엄위하신 말씀이기도 하다. 왜냐하면 회개를 권하시면서 이어서 만일 회개치 않으면 네 촛대를 그 자리에서 옮기리라고 경고하셨기 때문이다.

"어디서 떨어졌는지를 생각하라"는 말씀은 하나님의 말씀에 비추어 자기를 성찰하라는 뜻이다. 하나님의 말씀이 지적하는 허물과 죄악들을 회개하고 처음 사랑을 회복하라는 것이다. 만일 회개치 않는다면 "내가 네게 가서 네 촛대를 그 자리에서 옮기리라"고 하신 말씀은 성령의 임재를 옮기시겠다는 것이며 하나님의 영광을 옮기시겠다는 것이다. 너무나 전율을 느끼게 되는 경고의 말씀이다.

성령의 감동하심과 그 지시하심에 민감하게 회개하는 것이 신앙인의 바른 자세이다. 권고하실 때 자기 고집으로 점점 강퍅해져서는 절대로 안 된다. 애굽의 바로 왕은 점점 강퍅해진 결과 멸망을 자초했다. 마귀는 교묘하게 작용하여 강퍅하게 만든다, 그 속임수에 속아서는 안 될 것이다.

우리에게서 성령이 떠나게 해서는 절대로 안 될 것이다. 사울 왕에게서 성령이 떠나시니 악령이 그를 지배하고 말았다. 다윗왕도 "주여 나에게서 성령을 거두지 마소서"(시 51:11)라고 기도했다. 왜냐하면 성령께서 교회를 다스리시기 때문이며, 사랑은 성령의 힘으로만 가능하기 때문이다. 그러므로 사랑이 없는 교회는 시체와 같은 기구(機構)에 불과하다.

예수 그리스도께서 부활하신 후 베드로에게 "네가 나를 사랑하느냐?"(아가파스 메, αγαπας με)라고 질문하셨던 것처럼 지금 주님이 나를 찾아오셔서 "~야, 네가 나를 사랑하느냐?"라고 물으신다면 우리는 무엇이라고 대답할 수 있을까?

우리는 결코 대답을 회피할 수 없다.

오늘 우리 교회의 대답은 무엇이며, 한국교회의 대답은 무엇인가?

기독교회는 항상 처음 사랑을 회복하는 운동을 계속해야 한다. 우리의 심령에는 처음 사랑을 회복하는 성령의 운동이 일어나야 한다. 사랑이 없는 중세교회는 생명력을 상실한 교회였다. 중세교회는 형식과 법과 철학과 신학은 있었고 교리는 있었으나 사랑은 없었다. 초대교회의 생명적 생동력을 잃어버리고 있었다. 그래서 중세는 영적 암흑시대였다. 그러므로 하나님께서는 종교개혁자들을 통하여 사랑 회복 운동을 일으키신 것이다. 말씀이 회복되고, 진리가 회복되고, 교회의 참모습이 회복되었다. 오늘 한국교회에도 사랑 회복 운동이 절실히 요청된다.

만일 누가 나에게 하나님이 어디에 계시냐고 묻는다면, 나는 하나님은 하나님의 나라에 계시다고 대답하겠다.

다시 누가 나에게 하나님이 어디 계시느냐고 묻는다면, 나는 하나님은 무소부재하시어서 모든 곳에 계시다고 대답할 것이다.

또다시 누가 나에게 하나님이 어디에 계시느냐고 묻는다면 하나님은 사랑이 있는 곳에 계시다고 대답하겠다. 왜냐하면 하나님은 사랑이시기 때문이다. 하나님은 하나님의 은총에 감사하여, 하나님을 사랑하는 자에게, 또 그 사랑으로 이웃을 사랑하는 자에게 함께 계시고 그를 통하여 역사하시기 때문이다.

4) 약속

> 귀 있는 자는 성령이 교회들에게 하시는 말씀을 들을지어다 이기는 그에게는 내가 하나님의 낙원에 있는 생명나무의 열매를 주어 먹게 하리라(ὁ ἔχων οὖς ἀκουσάτω τί τὸ πνεῦμα λέγει ταῖς ἐκκλησίαις. τῷ νικῶντι δώσω αὐτῷ φαγεῖν ἐκ τοῦ ξύλου τῆς ζωῆς, ὅ ἐστιν ἐν τῷ παραδείσῳ τοῦ θεοῦ, 계 2:7).

- '호 에콘- 우-스'(ὁ εχων ους, 귀를 가진 자, 귀가 있는 자).
- '토- 니콘티'(τω νικωντι, 이기는 자에게).

'호 에콘- 우-스'(ὁ εχων ους)란 육체적 귀를 말하는 것이 아니라, 성령께서 말씀하시는 바를 들을 수 있는 영적 귀를 의미한다. 영적으로 열린 귀를 말함이다. 이사야 선지자는 "귀가 있어도 듣지 못하는 백성"(사 43:8)이라고 말한 바 있으며, 예수님께서도 "귀 있는 자는 들으라"(마 13:9)고 말씀하셨다.

영적 귀가 열려 성령이 하시는 말씀을 들을 수 있는 자가 얼마나 축복 된 사람인가!

주님께서는 일곱 교회 모두에게 편지 마지막에 이 말씀을 하고 계시다.

"교회들에게"라는 뜻은 예수 그리스도께서 한 교회에 보내시는 편지가 그 한 교회에만 해당한 것이 아니라 모든 교회가 들어야 할 말씀임을 뜻하는 것이다.

"이기는 자에게"(토- 니콘티, τω νικωντι)는 '니카오-'(νικαω, 이기다, 승리하다)의 현재분사 남성 단수 여격으로서 "승리자에게"이다.

교회에 대한 강력한 시련을 승리하는 자 그리고 이단 사설의 유혹을 뿌리치고, 사도적 믿음과 진리를 지키고 승리하는 자, 또한 처음 사랑을 회복하여 이성주의(理性主義)를 극복하고 이기는 자를 말하는 것이다.

"생명나무의 열매"(파게인 엘 투- 크쉬루- 테스 조에스, φαγειν εκ του ξυλου της ζωης)를 상급으로 주실 것을 약속하셨다.

어떤 사람들은 생명나무의 열매를 먹는 것은 영생을 얻는 것과 동일한 것이라고 말한다. 그러나 이러한 해석은 가장 잘못된 해석이다. 영생은 참된 교회의 성원이 되기 위한 필요조건이다. 죄인이 성령으로 거듭날 때 이미 속죄(贖罪)와 칭의(稱義)와 구원(救援)을 얻는 순간 하나님의 자녀로 거듭나며 영생(永生)을 얻은 것이다. 그러므로 하나님의 낙원에 있는 생명나무의 열매를 주시고 먹게 하시는 것은 승리자에게 주시는 "상급"이다.

"여호와 하나님이 이르시되 보라 이 사람이 선악을 아는 일에 우리 중 하나같이 되었으니 그가 그의 손을 들어 생명나무 열매도 따 먹고 영생할까 하노라"(창 3:22) 하시며 아담과 하와를 에덴 동산에서 추방하셨다. 아담과 하와는 에덴 동산에 있으면서 그 눈으로 그 열매를 보면서도 먹지 못했으나 신앙을 끝까지 지키고 모든 환난과 유혹과 시험에 승리하고, 처음 사랑을 회복하는 자에게는 생명나무 열매를 먹게 하는 축복이 약속되어 있다.

제3장

서머나교회에 보내는 예수 그리스도의 편지
(계 2:8-11)

1. 서머나 (스뮈르나, Σμυρνα)

서머나는 소아시아의 이오니아지방에 있는 항구도시로서, 아주 오래된 도시이며, 에베소보다 북쪽으로 약 60km에 위치해 있다. 서머나라는 명칭은 "몰약"이라는 뜻이다. 그 지방에서는 몰약이 많이 생산되어서 자연적으로 "몰약"을 뜻하는 서머나라고 불린듯하다. 이 도시는 자연적 풍치가 매우 아름답고 장려한 도시로서 소아시아 지방에서는 에베소와 최대의 경쟁상대가 되었던 도시이다.

그리고 이 서머나는 서구문학의 조상이며 서사시의 완성자라고 하는 호우머(Homer)가 탄생(BC 8-9)한 곳이기도 하다. 한때 지진으로 붕

괴하기도 했었고, 적군의 침략을 당하기도 했으나 현재까지 남아 있다. 이 도시의 이름은 터키어로는 이즈미르(Izmir)라고 부르며, 현재 회교가 점령하고 있다.

2. 서머나교회

서머나교회가 언제 설립되었는지 정확히는 알 수 없으나 사도 요한이 이 서신을 보내고 있는 것이나, 사도 바울이 이곳을 방문했었다는 전설에 의하면 제일 세기에 설립되었던 것임을 알 수 있다. 그리고 제이 세기에는 매우 중요한 교회가 되어 있었다.

로마와 카르타고가 지중해의 지배권을 가지고 다다투고 있는 동안 서머나에는 로마 여신을 위한 신전이 세워졌었다. 티베리우스(Tiberius) 시대에는 황제를 위한 신전이 세워지기도 했다. 그래서 황제숭배의 중심지가 되어 있었다. 그리고 그 도시에 살고 있던 유대인들의 질시가 극심하기도 했다.

그리고 서머나교회는 로마 권력자들에 의해 계속적인 박해로 인해 많은 고난을 겪었으나 예수 그리스도에게 헌신 충성하였다.

예수 그리스도께서 이 편지를 보내시던 그 당시 서머나교회의 감독이요 사자는 사도 요한의 제자 폴리갑(Polycarp, 69-155)이었다.

3. 발신자

처음이요 나중이요 죽었다가 살아나신 이(ὁ πρωτος και ὁ εσχατος, ὁς εγενετο νεκρος και εζησεν, 계 2:8).

이 분이 누구이신가?
바로 예수 그리스도를 말하는 것이다.
"처음이요 나중"이라는 말은 "처음이신 분 그리고 나중이신 분"(호 프로토스 카이 호 에스카토스, ὁ πρωτος και ὁ εσχατος)이며, 이 말에서 세 가지 의미를 볼 수 있다.

첫째, 예수 그리스도의 선재성(先在性, pre-existence)을 나타내고 있다.

베들레헴 에브라다야 너는 유대족속 중에 작을지라도 이스라엘을 다스릴 자가 네게서 내게로 나올 것이라, 그의 근본은 상고에 태초에니라(미 5:2).

태초에 말씀이 계시니라(요 1:1).

예수께서 이르시되 진실로 진실로 너희에게 이르노니 아브라함이 나기 전부터 내가 있느니라(요 8:58). 그가 만물보다 먼저 계시고(골 1:17).

둘째, 예수 그리스도의 신성(神性, Deity)을 나타내고 있다.

> 아버지여 창세 전에 내가 아버지와 함께 가졌던 영화로써 지금도 아
> 버지와 함께 나를 영화롭게 하옵소서(요 17:5).

> 아버지여 내게 주신 자도 나 있는 곳에 나와 함께 있어 아버지께서 창
> 세전부터 나를 사랑하시므로 내게 주신 나의 영광을 그들로 보게 하
> 시기를 원하옵나이다(요 17:24).

> 아버지도 없고 어머니도 없고 족보도 없고 시작한 날도 없고 생명의
> 끝도 없어 하나님의 아들과 닮아서 항상 제사장으로 있느니라(히 7:3).

> 나는 알파와 오메가요 처음과 마지막이요 시작과 마침이라(계 22:13).

셋째, 세상의 종말이 있음과 예수 그리스도가 통치와 심판의 왕 되심을 나타낸다.

예수 그리스도께서 역사의 장(章)을 여시는 분이시요, 역사의 장을 닫으시는 분이심을 나타내고 있다. 곧 역사의 주인이 되신다.

> 이는 한 아기가 우리에게 났고 한 아들을 우리에게 주신 바 되었는데 그
> 의 어깨에는 정사를 메었고 그 의 이름은 기묘자라, 모사라, 전능하신
> 하나님이라 영존하시는 아버지라, 평강의 왕이라 할 것임이라(사 9:6).

> 시온의 딸아 크게 기뻐할지어다 예루살렘의 딸아 즐거이 부를지어다

보라 네 왕이 네게 임하나니 … 그의 통치는 바다에서 바다까지 이르고 유브라데 강에서 땅끝까지 이르리라(슥 9:9-10).

모든 민족을 그 앞에 모으고 각각 구분하기를 목자가 양과 염소를 구분하는 것같이 하리라(마 25:32; 참고. 요 5:22; 행 10:42; 17:31; 롬 2:16; 14:10; 딤후 4:1; 고전 4:5; 벧전 4:5).

"죽었다가 살아나신 이"(호스 에게네토 네크로스 카이 엑세센, ός εγενετο νεκρος και εζησεν)라는 말은 사망의 권세에 승리하시고 부활하심으로 로마서 1:4의 말씀대로 "하나님의 아들로 선포"하시고 확증하심을 나타낸다. 그래서 그의 죽으심이 인류의 죄를 대신한 대속의 죽음임을 입증한다. 그리고 모든 신앙인의 부활의 첫 열매가 되시고, 생명의 부활 증거가 되심을 말한다.

창세전부터 존재하시고, 하나님이시며, 역사의 주인이시고, 세상과 우주를 통치하시고, 세상 종말에 심판주로서 심판하실 것이요, 죽었다가 살아나신 주 예수 그리스도께서 지금 서머나 교회를 향해 편지를 보내고 계시다.

4. 수신자

수신자는 서머나 교회의 사자 곧 감독, 목회자와 교회 전체 성도들이다. 예수 그리스도의 사자로 인정받는 폴리갑(Polycarp, 69-155)과 그의 신앙적 지도를 받는 모든 신실한 그리스도인들이다.

폴리갑의 제자이며, 리용(Lyons)의 감독이었던 이레니우스(Irenaeus, 130-200)의 전언에 의하면 폴리갑은 사도 요한에 의해 서머나교회의 감독으로 임명되었다고 한다.

5. 편지의 내용

서머나교회에 보내는 편지는 칭찬과 권면과 약속으로 이루어져 있다. 책망의 말씀이 없다는 것이 특이하다.

1) 칭찬

> 내가 네 환난과 궁핍을 알거니와 실상은 네가 부요한 자니라, 자칭 유대인이라 하는 자들의 비방도 알거니와 실상은 유대인이 아니요 사탄의 회당이라(Οιδα σου την θλιψιν και την πτωχειαν, αλλα πλουσιος ει, και την βλασφημιαν εκ των λεγοντων Ιουδαιους ειναι έαυτους, και ουκ εισιν αλλα συναγωγη του Σατανα, 계 2:9).

- '오이다'(Οιδα): 내가 안다. 알고 있다.
- '드맆시스'(θλιψις): 환난(포도즙 틀을 압축해서 즙을 짜내듯 한 압박과 압축이란 뜻이다. 라틴어로는 "환난"이란 말은 도리깨질한다는 뜻이다. 도리깨로 곡식단을 내려치면 낟알과 짚이 분리되듯 극한 고통을 말한다).
- '프토-케이아'(πτωχεια): 가난, 거지 생활, 궁핍함.

- '프루-시오스'(πλουσιος): 부자, 부요함. 풍부함.
- '브라스훼미아'(βλασφημια): 중상, 모략, 비방.

여기에 서머나교회의 특징이 나타나 있다.

① 책망이 없고 칭찬만 있는 교회.
② 경제적으로는 가난하지만 믿음에 부요한 교회.
③ 심한 핍박 중에서도 믿음을 굳게 지키는 교회.

정치적으로 황제예배를 강요당하는 곳에서 황제예배는 우상숭배이므로 이를 반대하던 서머나 교회 지도자와 성도들은 말할 수 없는 박해를 당했다. 예수를 믿는 믿음 때문에 사회적 지위를 잃어버리고, 재산을 빼앗기고, 직업을 잃어버렸다. 세상 권력과 타협하지 않으므로 자연히 가난할 수밖에 없었고, 궁핍한 생활을 할 수밖에 없었다. 그러나 가난과 궁핍이 서머나교회 성도들에게서 귀한 믿음을 빼앗아가지는 못했다. 정치적 압박이 아무리 강해도 믿음은 생명이라고 확신하는 서머나 교회에서 믿음을 박탈할 수 없었다.

그리고 설상가상으로 서머나교회는 유대인들에게서 핍박을 당했다. 유대인들은 다음과 같이 믿었다.

① 예수가 메시아도 아니요, 하나님의 아들도 아니다.
② 아직 메시아는 오지 않았다.
③ 율법을 지켜야 구원을 얻는다.
④ 예수는 이단이다. 그러므로 그의 추종자들을 죽이는 것이 하나님

께 충성하는 것이다.

그래서 그 지역에 있는 유대인들이 서머나 교회 신자들을 핍박했던 것이다. 그러나 주님께서는 그 유대인의 회를 사탄의 회라고 정죄하셨다. 예수를 핍박하여 십자가에 못 박아 죽게 한 것도 유대인이요, 사도 바울을 핍박한 것도 유대인이었고, 서머나교회를 핍박한 것도 유대인이었다.

이처럼 서머나교회는 정치적으로, 경제적으로, 종교적으로 그리고 인종적으로, 사중(四重)으로 환난을 당하여 궁핍한 상태에 있었다. 그렇지만 주님께서는 그들의 형편과 그러한 사실을 잘 알아주셨다. 그들을 홀로 버려두지 않으셨다. "내가 세상 끝날까지 너희와 항상 함께 있으리라"(마 28:20)는 약속하신 대로 주님께서 그들과 함께하셨다.

주님께서는 핍박과 궁핍의 어려움 중에 있는 목회자와 성도들에게 영적으로 풍부한 은혜를 주셨다. 그들은 영적으로 부요한 자들이 되었다. 이 영적 은혜는 정치의 힘이 아무리 강하다 해도 손이 닿지 않는 곳에 있다(요일 5:18). 이 영적 은혜는 박해의 힘이 아무리 강해도 해치지 못하는 곳에 있다. 하나님의 안전영역에 있는 영적 은혜이다. 이 하나님의 안전영역에는 자유와 위로가 있고, 평화가 있다. 기쁨과 사랑과 생명이 있고, 은혜의 풍요함이 있다.

그래서 서머나교회는 주님에게서 "실상은 네가 부요한 자니라"고 인정과 칭찬을 받은 교회이다.

초대교회는 300년간 곧 313년에 로마의 콘스탄틴 대제가 기독교 신앙의 자유를 선포하기까지 약 300년간은 박해를 받는 교회였다. 그래서 교회의 모든 감독(목사)들은 성도들에게 순교를 가르쳤다. 초대교회에서는 초신자가 예수를 믿기로 작정할 때에는 예수 때문에 순교할 것도 각오하고 믿기 시작하는 것이다. 그러므로 그들은 처음 믿을 때부터 뜨겁게 신앙생활을 하기 시작했던 것이다. 죽도록 신앙에 충성할 것을 다짐하고 믿기 시작하므로 그들에게는 두려움이 없는 것이다.

오늘 우리 주님께서 한국교회를 보시고 무엇이라고 평가하실까? '실상은 네가 부요한 교회이다'라고 하실까, 아니면 가련하고 궁핍한 교회라고 하실까?

예수님의 심판대 앞에 자아를 스스로 내놓고 깊이, 깊이 자성(自省) 해보자.

2) 권면

너는 장차 받을 고난을 두려워하지 말라 볼지어다 마귀가 장차 너희 가운데서 몇 사람을 옥에 던져 시험을 받게 하리니 너희가 십 일 동안 환난을 받으리라 네가 죽도록 충성하라 그리하면 내가 생명의 관을 네게 주리라(μηδεν φοβου ἀ μελλεις πασχειν. ιδου μελλει βαλλειν ὁ διαβολος εξ ὑμων εις φυλακην ἱνα πειρασθητε, και ἑξετε θλιψιν ἡμερων δεκα. γινου πιστος αχρι θανατου, και δωσω σοι τον στεφανον της ζωης, 계 2:10).

- '메-덴 포부-'(μηδεν φοβου): 두려워하지 말라.
- '하 메레이스 파스케인'(ἀ μελλεις πασχειν): 지금 막 시작되려고 하는 고난들.

- '디아보로스'(διαβολος): 중상자, 비방자. 마귀.
- '에이스 퓌라켄-'(εις φυλακην): 감옥 속으로.
- '히나 페이라스데-테'(ἱvα πειρασθητε): '히나'(ἱvα, 위하여), '페이라스데테'(πειρασθητε, πειραζω[페이라조, 유혹하다, 시험하다]의 제1부정과거 가정법 수동태 2인칭 복수), 너희들을 시험받게 하기 위해.
- '드맆신'(θλιψιν): '드맆시스'(θλιψις, 압박, 압착, 환난)의 단수 목적격(감람열매의 기름을 짜기 위해 압착하는 것).
- '헤-메론 데카'(ἡμερων δεκα): 열흘, 십 일.
- '기누'(γινου): '기노마이'(γινομαι, 내가 … 되다의 2인칭 단수).
- '피스토스'(πιστος): 충성스러운, 신실한, 참된.
- '아크리 다나투-'(αχρι θανατου): 죽기까지.
- '카이 도-소- 톤 스테파논 테스 조-에스'(και δωσω τον στεφανον της ζωης): 그리하면 생명의 면류관을 내가 줄 것이다.

주님께서는 앞으로 서머나교회에 임할 환난을 예언하고 계시다. 그 환난을 가하는 자는 마귀라고 하셨고, 그 환난의 때가 임박했으며, 그 환난의 기간이 십 일 동안이라고 하셨다. 십(10)이라는 수는 사탄(세상)의 완전 수이다. 사탄으로서는 교회를 핍박하되 자기 힘을 다해 완전히 핍박할 것이다. 그러나 하나님 편에서 보실 때 이 수는 유한수(有限數)이다. 그래서 사탄의 박해가 아무리 완벽하게 온다 해도 잠깐 동안에 불과하다는 것을 말씀하고 계시다.

그래서 권면하시기를 "두려워하지 말라" "죽도록 충성하라" 하시며 용기를 주고 계시다.

서머나교회가 큰 환난을 겪은 것은 로마 황제 안토니우스 피우스 (Antonius Pius)가 재임하던(138-161) 23년간이었다. 황제를 신격화하여 숭배하게 했으나 황제예배를 반대하는 기독교 신자를 무신론자라 하여 정죄하고 기독교 신봉을 국법으로 금했다. 그래서 수많은 신자가 믿음을 사수하다 순교했다. 이때에 서머나교회의 감독이었던 폴리갑이 순교했다. 헨리 쉘던(Henry. C. Shelden)의 『기독교 교회사』(History of the Christian Church)에 의하면, 서머나교회 성도들이 사나운 맹수들에게 던져져 찢기고 맹수들의 밥이 되었으며, 장작더미 위에서 불에 타 죽어갔다. 그러나 아무도 구차히 피하거나 탄식하지도 아니했다고 한다.

역사가 유세비우스(260-339)의 기록에 의하면 폴리갑이 황제 앞에서 예수 그리스도를 저주하면 살려주겠다는 말에 대답하기를 "나는 86년간 주님을 섬겨왔습니다. 주님은 단 한 번도 나에게 잘못하신 일이 없으십니다. 그런데 어떻게 나를 구원해 주신 나의 왕이신 예수님을 저주할 수 있습니까?"라고 대답했으며, 즉시 불이 던져져 장작더미 위에서 화형을 당했다고 기록하고 있다.

폴리갑과 성도들은 주님의 말씀대로 "죽도록 충성하였다." 서머나교회는 폴리갑과 같은 위대한 신앙의 지도자를 가진 교회였다. 교회의 성도들은 지도자를 닮는 것이다. 폴리갑은 평소에 순교에 이를 수 있을 정도로 신앙교육을 철저히 했음을 알 수 있다. 서머나교회 성도들은 폴리갑에게서 신앙과 삶을 배웠고, 그를 닮아 갔다.

지금 서머나교회를 향해 말씀하시는 분이 누구이신가?

그분이 바로 죽으셨다가 지금은 살아 계시는 주님이시다. 온 인류의 영육 간의 모든 고난을 한 몸에 담당하셨던 주님께서 서머나교회 지도

자와 성도들이 당하는 고통이 얼마나 크다는 것을 잘 알고 계시다. 그래서 주님은 그들을 위해 감추인 보화를 준비해 두고 계신 것이다.

하나님께서는 그들의 괴로움과 빈곤을 알고 계시고, 세상 사람들이 어떻게 바라보고 있다는 것도 잘 알고 계시기 때문에 빈곤에서 나아와 부요케 하시고, 하나님께서 그들을 하나, 하나 입을 맞추어 주사 위로해 주시고, 이 세상의 고난이 아무리 크다 해도 장차 우리에게 나타날 영광과 족히 비교할 수 없을 정도임을 말씀함이다. 이 세상에서 당하는 고난은 그리스도와 함께 당하는 고난이 되는 것이며, 동시에 장차 그리스도와 함께 영원한 영광에 참여할 수 있는 조건이 되는 것이다.

영국의 역사학자 아놀드 조셉 토인비(Arnold Joseph Toynbee)는 이렇게 말하고 있다.

> 로마 정부가 기독교를 관대하게 보아 넘기지 않았던 한 가지 이유는 로마 정부가 그 피지배자에게 그들이 양심에 어긋나는 행위를 강제적으로 행하게 하는 권한을 갖는다는 로마 정부의 주장을 기독교가 완강하게 거부했기 때문이다. 기독교는 칼의 특권에 완강히 저항했다. 그리고 결국 기독교 순교자의 정신이 로마 지배자의 칼을 이겨내어 기독교의 피야말로 기독교의 종자(種子)라고 말한 테르툴리아누스(카르타고 태생으로 교회 집필가)의 승리감에 찬 말을 뒷받침하는 결과가 되었다(Arnold J. Toynbee, 『역사 연구』[A Study of History], 653).

진실로 힘이 강한 형 가인이 동생 아벨을 죽였을 때 약자의 핏소리가 땅에서부터 하나님께 호소했다(창 4:10). 그와 같이 로마 시대에 죽기까지 충성하므로 피 흘린 순교자들의 흘린 피가 큰 소리로 하나님께 호소하므로 결국은 칼의 힘을 승리하도록 도와주시고 자유를 주셨던 것이며, 그 피가 종자가 되어 오늘까지 기독교가 생명력 있게 칼이 아닌 사랑의 복음으로 세계를 정복하고 있다.

3) 약속

> 내가 생명의 관을 네게 주리라(και δωσω σοι τον στεφανον της ζωης, 계 2:10).

- '도-소'(δωσω): '디도-미'(διδωμι, 내가 주다)의 미래 1인칭 단수.
- '톤 스테파논 테-스 조에-스'(τον στεφανον της ζωης): 생명의 면류관을.

예수 그리스도께서는 믿음을 지켜 맹수와 칼과 톱과 찢김과 화형에 의한 죽음을 감당하여 영적으로 승리하는 서머나교회 지도자와 성도들에게 두 가지 상급을 약속해 주셨다.

첫째, "생명의 면류관"(τον στεφανον της ζωης, 계 2:10)을 주실 것을 약속하셨다. 면류관은 승리자에게 주어지는 최고의 영예로움의 표시이다.

둘째, "둘째 사망의 해를 받지 아니하리라"(ὁ νικων ου μη αδικηθη εκ του θανατου του δευτερου, 계 2:11).

- '호 니콘'(ὁ νικων): '니카오'(νικαω, 내가 승리하다)의 현재분사 남성 단수 주격, 이기는 자.
- '아디케-데-'(ου μη αδικηθη): '아디케오'(αδικεω, 불의하게 행동하다, 법에 위배하다)의 제일부정과거 가정법 수동태로서, 법률에 어긋난 불의의 대우를 받지 않는다는 뜻이다.
- '투 다나투 투 듀테루'(του θανατου του δευτερου): 둘째 사망.

첫째 사망은 육체적 사망을 뜻하며, 둘째 사망은 부활 후 심판을 받아 마귀와 그의 추종자들을 위해 예비해 놓으신 영원한 불의 고통으로 들어가는 것을 의미한다. 승리자는 이러한 저주스러운 둘째 사망을 당하지 않는다는 뜻이다. 믿음을 끝까지 지키는 성도는 영생에 들어가게 되는 축복을 받는다.

"구름같이 둘러선 허다한 증인들"(히 12:1), 곧 천군과 천사들 그리고 허다한 성도들이 보는 앞에서 주님에게서 생명의 면류관을 씌워주시는 광경을 상상해 보자.

얼마나 영광스러운 일인가!

서머나교회는 모든 세대와 세계 교회 중에서 핍박받는 모든 교회의 대표적 교회이다.

① 초대교회가 유대인과 이방인들에게 핍박을 당했다.
② 로마 시대 300년간 정치적 박해로 많은 순교자가 발생했다.
③ 복음이 전해지는 곳마다 국가와 민족들에게서 기독교는 많은 박해를 받았다. 그리고 순교의 피를 흘렸다.

④ 현대사를 볼지라도, 1917년 러시아에서 공산당 혁명이 성공하자 유물론과 무신론이라는 철학에 근거하는 공산주의자들은 기독교를 사정없이 박해했다. 러시아와 루마니아 그리고 러시아 연방에 들어 있는 모든 국가에서, 그리고 중국과 북한에서 기독교가 많은 탄압을 당해, 피를 흘리고 투옥되고 비참한 형극의 길을 걸어갔다.

독재주의 국가들 특히 독일의 히틀러에 의해 독일교회가 핍박을 당했다. 이태리의 무솔리니에 의해 이태리교회가 박해를 당했다. 일본의 군국주의자 도쇼에 의해 한국교회가 큰 박해를 당했다. 많은 교회가 불살라지고 많은 지도자들이 투옥되고 갖은 고문을 당했다. 많은 순교의 피를 흘리기도 했다.

서머나교회가 박해당하는 모든 교회의 대표적 교회로서 박해를 이겨내고 승리하므로 주님에게서 칭찬을 들은 것 같이 오늘 우리는 그 신앙의 자세를 본받아야 할 것이다.

예수 그리스도께서는 "귀 있는 자는 성령이 교회들에게 하시는 말씀을 들을지어다 이기는자는 둘째 사망의 해를 받지 아니하리라"(계2:11)라고 서머나교회에 대한 편지를 끝맺고 있다.

제4장

버가모교회에 보내는 예수 그리스도의 편지
(계 2:12-17)

예수 그리스도의 마지막 편지

1. 버가모 (페르가모스, Περγαμος)

　버가모는 에베소에서 북쪽으로 약 160km, 서머나에서는 북쪽으로 약 100km에 위치해 있는 도시로서, 에베소나 서머나만큼은 못되어도 퍽 아름답고 번영한 도시였다. 이 도시는 일찍이 트로이(Troy)가 멸망한 후 세워진 도시이다.

　버가모라는 명칭은 "잡혼"(雜婚)이라는 뜻을 지니고 있다. 이 단어는 어원상으로 보면 영어의 'Bigamy'(중혼, 重婚)와 'Polygamy'(일부다처, 一夫多妻)와 같은 것이다.

　특별히 이 도시는 BC 29년 이후 우상을 숭배하여 많은 신전이 세워졌다. 그중에 유명한 것은 제우스(Zeus)신전, 아데나(Athena)신전, 디오니수우스(Dionysus)신전, 그리고 에스크레피우스(Esclepius)신전이다.

로마 황제 아우구스투스(Augustus) 황제를 예배하는 신전이 세워져서 모든 시민이 이 신전에서 황제를 하나님으로 숭배했다. 그래서 국가종교의 중심지가 되었던 도시이다.

이 도시에 유명한 것은 조각 예술이 아주 훌륭했으며, 가장 유명한 도서관이 있는 도시였다. 그리고 50년간 헬라 문명의 꽃이 가장 만개하였던 도시이기도 하다.

이 도시에는 사방에서 밀려들어 오는 여러 가지 사상들을 아무런 비판도 없이 받아들이므로 사상적 혼합을 이루어 혼합주의(syncretism)가 지배했다. 황제예배가 성해질수록 이러한 현상은 더욱 심화하여 갔다.

2. 버가모교회

이와 같은 도시에 유일신 여호와 하나님, 예수 그리스도의 복음을 증거하는 전도자가 들어가서 복음을 전해 주님의 교회가 설립되었다. 그것이 바로 버가모교회이다. 우상숭배로 인해 사탄의 세력이 매우 강한 곳에서 복음을 전하고, 목양한다는 것은 매우 어려웠을 것이다.

사탄의 왕좌가 있는 도시 안에 기독교인들은 하나님의 보좌를 세우려고 시도해 왔다. 그래서 맹렬한 투쟁이 벌어지기 시작했다. 여기에서 세상적 문화와 기독교 문화와의 사이에 연합을 이루려고 시도하게 되는데 그것이 잘못된 시도였다. 성경적이냐, 아니냐를 분명히 식별하는 것이 버가모교회의 책무였으나 그들은 혼합주의에 시선을 돌리기 시작했다.

사탄은 언제나 외부적 박해와 내부적 유혹이라는 양면작전으로 교회를 괴롭혀왔다. 우리는 박해 중에 죽기까지 믿음에 충성함과 동시에 사탄의 간교한 유혹에 넘어가지 않도록 각별한 주의가 필요하다.

3. 발신자

> 좌우에 날 선 검을 가지신 이(ὁ εχων την ρομφαιαν την διστομον την οξειαν, 계 2:12).

- '롬화이아'(ρομφαια): 전쟁에서 사용하는 검.
- '텐 디스토몬'(την διστομον): '디수토모스'(διστομος, δις + στομα)라는 복합어로서 두 입을 가진 이란 뜻으로, 양 날이란 뜻의 목적격.
- '텐 옥세이안'(την οξειαν): '옥쉬스'(οξυς, 날카로운, 예리한)의 여성 단수 목적격.

에베소교회에는 오른손에 일곱 별을 붙잡고 일곱 금 촛대 사이에 다니시는 이라고 발신자를 표현했고, 서머나교회를 향해서는 처음이요 나중이요 죽었다가 살아나신 이라고 표현했는데, 버가모교회를 향해서는 더욱 엄중한 표현으로 "좌우에 날 선 검을 가지신 이"라고 발신자를 소개하고 있다.

양날의 예리한 검을 가지신 이가 누구이신가?

바로 예수 그리스도를 가리킴이다.

주님께서 양날의 날 선 검을 가지시고 버가모교회에 대하여 싸우시려고 나타나신 것이다.

왜 주님께서 주님의 교회를 향해 싸우시려고 검을 가지고 나타나셨을까?

그것은 주님께서 버가모교회를 사랑하시기 때문에 그 교회의 죄악을 좌우의 날 선 검으로 쳐서 제거하여 순수한 교회로 만들기 위해서이다. 좌우에 날 선 검은 "하나님의 말씀"을 의미한다.

1) 하나님의 말씀은 치료의 검이다

죄를 찾아내어 제거하고 치료하는 능력이다.

> 하나님의 말씀은 살아 있고 활력이 있어 좌우에 날 선 어떤 검보다도 예리하여 혼과 영과 및 관절과 골수를 찔러 쪼개기까지 하며 또 마음의 생각과 뜻을 판단하나니(히 4:12).

사도행전 2장의 내용을 보면 오순절 성령강림을 체험한 제자들이 예루살렘 성전에서 복음을 전했을 때 그 복음을 들은 수많은 무리가 "형제들아 우리가 어찌할꼬?!" 하며 메시아를 십자가에 못 박은 죄악을 회개하기 시작했다. 회개하는 자마다 죄를 용서받고, 치유되어 새 사람이 되었다.

하나님의 말씀은 초강력 엑스레이(Xray)와 같아서 인간의 마음 구석구석까지 다 밝히 비춰어 살피는 능력이 있다.

누가 무엇으로 죄악을 숨길 수 있겠는가?

성령의 눈은 거짓말하는 아나니아와 삽비라의 마음을 꿰뚫어 보셨다.

하나님의 말씀이 검으로 나타나는 것은 죄악을 멸하고, 죄를 깨닫게 하고 회개시켜 영혼을 치료하고 구원하는 것을 목적으로 한다.

2) 하나님의 말씀은 심판의 검이다

내 입의 검으로 그들과 싸우리라(계 2:16).

그 나머지는 말 탄자의 입으로 나오는 검에 죽으며(계 19:21).

그의 입에서 예리한 검이 나오니 그것으로 만국을 치겠고(계 9:15).

나를 저버리고 내 말을 받지 아니하는 자를 심판할 이가 있으니 곧 내가 한 그 말이 마지막 날에 그를 심판하리라(요 12:48).

이와 같은 말씀에 따르면 하나님의 말씀은 불신앙의 사람과 불순종의 사람과 사탄과 그의 추종자들과 세상을 심판하는 무기임을 알 수 있다. 버가모 교회를 향하신 주님은 치료의 검과 심판의 검인 좌우에 날 선 검을 가진 모습으로 나타나셨다.

현재 우리를 향하신 예수 그리스도께서는 어떤 모습으로 나타나고 계실까?

4. 수신자

버가모교회의 사자, 목회자와 그 모든 성도를 향해 우리 주님께서 이 서신을 보내고 있는 것이다.

5. 편지의 내용

1) 칭찬

네가 어디서 사는지를 내가 아노니 거기는 사탄의 권좌가 있는 데라 네가 내 이름을 굳게 잡아서 내 충성된 증인 안디바가 너희 가운데 곧 사탄이 사는 곳에서 죽임을 당할 때도 나를 믿는 믿음을 저버리지 아니하였도다(Οἶδα ποῦ κατοικεῖς, ὅπου ὁ θρόνος τοῦ Σατανᾶ, καὶ κρατεῖς τὸ ὄνομά μου, καὶ οὐκ ἠρνήσω τὴν πίστιν μου καὶ ἐν ταῖς ἡμέραις Ἀντιπᾶς, ὁ μάρτυς μου, ὁ πιστός μου, ὃς ἀπεκτάνθη παρ' ὑμῖν, ὅπου ὁ Σατανᾶς κατοικεῖ, 계 2:13).

버가모교회는 우상숭배와 황제예배가 극심하여 교회를 박해하는 정치적 세력이 강력하게 교회를 괴롭히고, 향락주의가 만연하여 교회를 타락시키는 그러한 환경 속에서도 믿음을 지킨 것을 잘 알고 계시면서 칭찬을 아끼지 않으셨다.

(1) 주님의 이름을 굳게 잡은 것을 칭찬

정치적 핍박과 쾌락주의의 유혹 중에서도 예수 그리스도의 이름을 믿는 믿음을 지킨다는 것은 어려운 일이다. 그렇지만 버가모교회 성도들은 믿음을 지켰다. 주님의 거룩하신 이름을 더럽히지 아니하고 믿음을 굳게 지킨 것을 칭찬하고 계시다. 그들은 그런 어려운 상황 속에서도 "너는 네 하나님 여호와의 이름을 망령되게 부르지 말라"(출 20:7)는 계명을 지켰다.

예수 그리스도를 믿는 믿음을 부정한다거나, 저주한다거나, 모른다고 하는 것은 그 거룩하신 이름을 더럽히는 일이 된다. 버가모교회 성도들은 이 죄를 범하지 아니했다.

(2) 순교의 자리에 이르러서도 믿음을 굳게 지킨 것을 칭찬하심

주님은 순교자 '안디바'(Αντιπας)를 지칭하여 '나의 충성스러운 나의 증인'(ὁ μαρτυς μου ὁ πιστος μου)이라고 하셨다. '말튀스'(μαρτυς)는 '증인'이라는 말도 되지만, '순교자'(martyr)라는 말도 된다. 예수 그리스도의 증인들이 순교의 피를 흘려 왔기 때문이다. 험악한 박해의 물결 속에서 순교자들이 발생하는 중에서도 버가모교회 성도들은 흔들림 없이 믿음을 지켰다.

버가모교회 신자들은 예수의 이름을 부끄러워하지 아니했다. 예수의 이름 때문에 조롱당하고, 손해 보고, 매 맞고, 재산을 빼앗기고,

죽임까지 당하는 자리에 이르러서도 예수님과의 관계를 부끄러워하지 아니했다. 오히려 예수라는 이름을 영광스럽고 자랑스럽게 여겼으며, 예수의 이름과 관계를 맺고 있는 것을 남다른 특권으로 여겼다.

버가모교회 성도들은 '사탄이 사는 곳,' '사탄의 권좌'가 있는 곳에서 죽임을 당할 때도 예수를 믿는 믿음을 저버리지 아니했다.

히스롭(Hislop)이라는 학자는 『두 개의 바벨론』(The Two Babylons)라는 유명한 책에서 고대 바벨론에서 사탄을 숭배하던 제사장직이 버가모로 옮겨 왔으므로 바벨론과 버가모의 사탄 숭배 사이에 분명한 관계가 있다고 말하고 있다. 그만큼 버가모라는 도시는 사탄의 세력이 강력한 곳이었음을 증명해 주고 있다.

'저버린다'는 말은 원어로는 '아르네오마이'(αρνεομαι)인데, 그 의미는 '부정(否定)한다'이다. 그들은 그러한 환경과 상황 속에서도 예수가 하나님의 아들, 그리스도이심을 부정하지 아니했다. 그리스도의 교리를 부정하지 아니했다. 예수 그리스도의 성육신과 대속의 죽으심과 생명의 부활과 승천과 재림을 부정하지 아니했다.

그리스도인들은 세상 안에 살지만, 세상에 속한 자가 아니다. 아브라함은 천막 속에 살고, 조카 롯은 문명의 최첨단을 달리는 쾌락의 도시, 소돔 성에서 고급저택에 살았다. 두 사람은 같은 하늘 아래, 시야에 들어오는 거리에 떨어져 살았으나 소속이 달랐다. 아브라함은 여호와 하나님께 소속되어 있었으나, 롯은 자기의 탐욕에 예속되어 있었다.

(3) 한 가지 실례를 들어보자

205년 3월에 있었던 일이다. 로마 제국에서 기독교에 대한 박해가 극심하던 때에 어린 자식을 하나 둔 26세의 퍼페튜아라는 젊은 부인이 기독교 신자라고 발각되어 체포되어 감옥에 감금되었다. 그녀의 아버지는 딸을 면회하며 예수를 부인하고 살아나라고 애원했으나 듣지 아니했다. 그러자 아버지는 딸의 뺨을 때리고 집으로 돌아가고 말았다.

총독의 재판석에 끌려간 퍼페튜아는 우상에게 제물을 바치고 절하도록 강요를 당했다. 그러나 퍼페튜아는 믿음의 절개를 꺾지 않는 것이었다. 깊은 땅굴 속 감방에 갇힌 하나님의 딸 퍼페튜아는 그 몸이 고문으로 피가 흐르고 온몸이 멍이 들고 상처뿐이었다. 예수를 믿지 않겠다고 한마디만 하면 당장 풀려날 수 있었으나 그녀는 자기를 위해 십자가에 죽어 주신 예수님을 배반할 수가 없었다.

아버지가 다시 찾아와서 눈물로 호소했고 관리들의 갖은 유혹과 위협이 있었으나 끝내 예수 그리스도를 부인하지 아니했다. 드디어 퍼페튜아는 또 다른 신자 훼리스타스와 함께 굶은 사자 굴 속으로 던져졌다. 두 여인은 공포에 질리게 되었다. 죽음 앞에서 기도했다.

'오! 하나님이여 내 영혼을 받으옵소서.'

사자는 천지를 찢는 소리를 내며 두 여인을 향해 덤벼들었다. 그런데 갑자기 이상한 일이 벌어졌다. 사자가 두 여인 앞에서 무릎을 꿇었다. 그리고 천천히 두 여인의 주위를 맴돌 뿐이었다. 관리들은 두 여인을 끌어내어 시퍼런 칼로 목을 쳤다. 맹수도 잡아먹지 못한 하나님의 딸들을 사람들이 죽였다. 이처럼 퍼페튜아와 훼리시타스 두 여인은 주님을 위해 순교한 신앙인이었다. 실로 그들은 예수 그리스도에게 속한 자들이었고, 천국의 시민들이었다.

주님의 제자 베드로는 예수님께서 잡히시고 심문받으시던 밤에 자신에게 생명의 위협이 오자 세 번씩이나 예수님을 부인했다. 부인하고, 맹세하고, 저주하면서 부정했다. 물론 이것은 고의적이거나, 계획적인 것은 아니라 생명의 위협에서 모면키 위한 비겁한 태도였다. 인간 베드로, 육체에 속한 인간 베드로는 약하여서 주님을 부인했지만, 그가 성령으로 충만함을 받은 후부터는 담대히 예수 그리스도의 증인이 되었다. 예수 그리스도의 이름을 위해 십자가에 거꾸로 달려 순교할 수 있는 용기의 사람이 되었다.

우리는 약하여 넘어지고 예수를 부인하기 쉽지만, 성령은 우리에게 능력을 주사 이기게 하시고 끝까지 믿음을 지킬 수 있도록 도와주신다. 그러므로 우리는 언제나 어디서나 어떤 경우에도 자신의 힘을 의지할 것이 아니라 오직 전적으로 성령의 힘을 의지해야 할 것이다.

성령은 한 번도 실패하시거나 패배당하신 일이 없으시다. 성령님에게는 오직 승리만이 있었고, 현재 있으며, 앞으로도 있을 것이다. 성령 안에 있는 성도와 교회, 그리고 성령에게 전적으로 의존하는 성도에게는 성령께서 대신 싸워서 승리의 기쁨과 영광을 안겨주신다.

2) 책망

그러나 네게 두어 가지 책망할 것이 있나니 거기 네게 발람의 교훈을 지키는 자들이 있도다, 발람이 발락을 가르쳐 이스라엘 자손 앞에 걸림돌을 놓아 우상의 제물을 먹게 하였고 또 행음하게 하였느니라. 이와 같이 네게도 니골라당의 교훈을 지키는 자들이 있도다(ἀλλὰ ἔχω κατὰ σοῦ ὀλίγα, ὅτι ἔχεις ἐκεῖ κρατοῦντας τὴν διδαχὴν Βαλαάμ, ὃς ἐδίδασκεν τῷ Βαλὰκ βαλεῖν σκάνδαλον ἐνώπιον τῶν υἱῶν Ἰσραήλ, φαγεῖν εἰδωλόθυτα καὶ πορνεῦσαι· οὕτως ἔχεις καὶ σὺ κρατοῦντας τὴν διδαχὴν Νικολαϊτῶν ὁμοίως, 계 2:14-15).

(1) 발람의 교훈

민수기 22-25장에 의하면 이스라엘민족이 애굽을 나와 가나안을 향해 가는 도중에 모압 지경에 이르렀을 때 모압의 왕 발락이 발람(βαλααμ)에게 부탁하여 바알(βααλ) 신에게 제사하여 세 번씩이나 이스라엘을 저주하도록 했으나 하나님께서는 허락지 않으셨다.

발람이란 '백성을 멸망시키는 자'라는 뜻을 가진 명칭이다. 신약성경에서도 "발람의 어그러진 길"(유 11)과 "발람의 길"(벧후 2:15)과 "발람의 교훈"(계 2:14)이라 했으며, 구약성경에서도 "발람의 꾀"(민 31:16)라고 명시한 바 있다.

이교도인 사술사 발람은 여호와 하나님에 대한 약간의 지식은 가지고 있었던 모양이다. 그러나 그에게는 신앙이 있었던 것은 아니었다. 그는 하나님의 백성 이스라엘로 하여금 모압 사람들과 교제하게 하였고, 드디어 싯딤에 머물러 있는 동안 모압 여인들과 음행하기 시작했고, 그 여인들이 자기네 신들에게 제사할 때 이스라엘 남자들을 초청하여 우상에게 절하게 하였고, 우상의 제물을 먹고 마시게 하여, 귀신과 교제하는 자가 되게 했다. 결국 그들은 '바알브올'에게 부속되고 말았다(고전 10:20-22). '바알브올'이란 모압의 국가 신(神)으로, '처녀막을 깨친다'는 뜻이다.

결국, 이스라엘은 육체적으로 이방 여인들과 음행을 했으며, 영적으로는 우상을 숭배하였음으로 여호와 하나님에게 신앙적 음행 죄를 범하고 말았다. 그들은 십계명 중에 첫째에서 넷째 계명까지 그리고 제칠 계명까지 범하였다. 이스라엘은 하나님의 진노를 사서 염병으로 24,000명이 죽었다.

(2) 니골라당의 교훈

요한계시록 2:6에서 설명한 바 있듯이, 이것은 무율법주의, 자유방임주의, 쾌락주의로서 일정한 종교는 아니지만, 신자의 도덕성에 유해한 향락주의적 사상이라 할 수 있다.

버가모교회 안에서는 발람의 꾀와 니골라당의 교훈을 받아들여 세상과 적당히 타협하여 우상의 제물을 먹으며, 제주(祭酒)를 마시며 향락주의에 빠져버리고 신앙의 진수를 잃어버린 사람들이 있었다. 그리고 그 악영향이 온 교회에 미치게 되었다. 주님께서는 이를 경계하시며 좌우에 날 선 검을 가지시고 매우 엄위하게 책망하고 계시다.

버가모교회 신자들은 외부적 박해에는 강력하게 이길 수 있었으나, 내부적으로 일어나는 사탄의 유혹에는 패배하고 말았다. 그러므로 주님께서는 이 사실을 지적하여 책망하고 있는 것이다.

오늘 우리는 이 주님의 책망을 우리 자신을 향한 책망으로 받아들이자!

4세기 초에 있던 일을 상고해 보자. 콘스탄틴 대제(Constantine, The Great)에 관한 얘기다. 그는 황제 콘스탄티누스 크로로스의 아들로 288년에 태어났다. 306년에 부왕이 요크에서 별세하자 그의 부하들에 의해 황제로 추대를 받았다. 당시 황제의 칭호를 가진 자가 6명이나 있었다. 동방에 3명, 서방에 3명이 있었다. 그러나 그중에 가장 유력한 것은 막센티어스였는데 그는 근위사단의 호위를 받으면서 로마에 주둔하고 있었다.

콘스탄틴은 군대를 거느리고 로마에 들어가 티벨강의 밀비아 다리를 사이에 두고 동서진영이 대치하고 있었다. 어느 날 밤 그가 "만일 전쟁에 승리한다면 기독교인이 되겠습니다"라고 기도했다. 전설에 의하면 공중에 십자가상과 "이 표식으로 이겨라"라는 문자가 나타난 것을 보았다. 그리하여 황제는 병사들의 방패에 '그리스도'(Χριστος)의 두 문자 곧 X(키-)와 P(로-)를 기록하게 하고, 황제의 기치로 삼아 전쟁에 승리했다고 전해지고 있다. 313년에 기독교 신교의 자유를 선언하게 되었고, 황제가 그리스도인이 되었다는 소문이 퍼지게 되었다. 그러나 그가 구원받았다는 증거는 없으며, 죽을 때까지 세례를 받지 아니했다.

콘스탄틴 대제는 박해 받는 교회를 관용 받는 교회로 바꿔놓았고, 더 나아가 콘스탄틴노플을 건설한 후에는 교회를 총애받는 교회로 바꿔놓았다. 그 결과는 두 가지로 나타났다.

(3) 긍정적 결과

첫째, 기독교인들은 카타콤에서 밖으로 나오게 되었다. 제4세기의 교부들은 지금까지 순교를 가르치고 이교도의 고소에 대해 논증하는 데 집중했던 정력을 이제는 다른 분야로 배출구를 찾게 되었다.

둘째, 아타나시우스(Athanasius), 바실리우스(Bacilius), 그레고리(Gregory), 제롬(Jerome), 암브로스(Ambrose), 어거스틴(Augustine), 그리고 최초의 교회사가인 유세비우스(Eusebius)와 같은 학자들을 배출하게 되었다.

셋째, 순교의 기회가 없어지자 고행을 자초하는 수백 명의 은둔자가 이집트 사막으로 몰려갔다.

넷째, 기독교 예술이 예수 그리스도를 하늘과 땅의 창조주로 표현하게 되었다.

다섯째, 예배의식도 황제의 궁정에서 거행하게 되었다.

여섯째, 건축예술이 새로운 예배의식에 맞게 교회당 건축에도 활기를 띠게 되었다.

(4) 부정적 결과

첫째, 황제를 따라 들어온 대량의 개종이 기독교의 도덕적 생활과 신앙적 구원의 확신의 깊이를 경박하게 만들고 말았다.

둘째, 정치적 세력이 신학적 논쟁에 대한 정죄나 사랑을 내리는 큰 영향력을 나타내게 되었다.

이리하여 순수하였던 기독교회가 세상 권력과 타협하게 되었고, 나아가 교권주의가 세력을 강화하게 되고, 교회의 도덕성이 해이하게 되자 급전직으로 타락하게 되어 갔다. 이러한 현상이 주님께서 버가모교회에 경계하시고 책망하신 그 내용이다. 이러한 현상은 어느 시대, 어느 사회에서나 늘 계속적으로 발생하는 현상이다.

3) 권면

그러므로 회개하라 그리하지 아니하면 내가 네게 속히 가서 내 입의 검으로 그들과 싸우리라(μετανόησον οὖν· εἰ δὲ μή, ἔρχομαί σοι ταχύ, καὶ πολεμήσω μετ᾽ αὐτῶν ἐν τῇ ῥομφαίᾳ τοῦ στόματός μου, 계 2:16).

- '메타노에-손'(μετανόησον): '메타노에오-'(μετανοεω, 내가 회개하다)의 제1부정과거 명령법 2인칭 단수.
- '운-'(οὖν): 그러므로.
- '에이 데 메-'(εἰ δὲ μή): 만일 그렇게 하지 아니하면.
- '엘코마이 소이 탁쉬'(ἔρχομαί σοι ταχύ): 내가 속히(빨리) 네게로 오리라.
- '포레메-소-'(πολεμήσω): '포레메오-'(πολεμω, 내가 싸우다, 전쟁하다)의 미래형.
- '메타 아우톤-'(μετ᾽ αὐτῶν): 그들과 더불어.
- '엔 테- 롬화이아'(ἐν τῇ ρομφαια): 검으로, 넓은 검으로.
- '투- 스토마토스 무-'(τοῦ στόματός μου): 나의 입의.

"그러므로 회개하라"(μετανόησον οὖν)라고 주님께서는 버가모교회를 향해 회개하라고 큰소리로 외치고 계시다. 에베소교회를 향한 주님의 말씀은 아주 친절하게 "그러므로 어디서 떨어진 것을 생각하고 회개하라"라고 하셨으나, 버가모교회를 향한 주님의 권면은 엄위하고 날카로운 명령으로 들려온다. 만일에 순종하지 아니하면 속히 심판하실 것을 말씀하신다. 주님의 오심은 밀알들에게는 기쁨과 축복이 되지만, 가라지들에게는 심판과 공포와 전율과 불의 멸망뿐이다.

버가모교회를 향한 "회개하라"라는 말씀은 엄위와 두려움으로 들려오지만, 그 이면에는 뜨거운 사랑이 충만히 있는 것이다. 사랑하시기 때문에 회개의 기회를 주시는 것이며, 회개를 권하고 있는 것이다.

참된 회개는 성령께서 깨닫게 하시는 대로 모든 죄를 고백하는 것이다. 그리고 하나님께로 전향해야 한다. 그다음에 하나님의 말씀을 따라 행동해야 한다. 주님께서는 버가모교회가 발람의 교훈과 니골라당의 교훈을 완전히 버리고 온전히 주님께로 돌아오기를 기다리시는 것이다. 주님은 우상숭배와 그 제물들로 그리고 음행으로 타락한 모습을 완전히 청산하고 성결된 새 모습으로 만나기를 원하시는 것이다.

4) 약속

귀 있는 자는 성령이 교회들에게 하시는 말씀을 들을지어다, 이기는 그에게는 내가 감추었던 만나를 주고 또 흰 돌을 줄 터인데 그 돌 위에 새 이름을 기록한 것이 있나니 받는 자 밖에는 그 이름을 알 사람이 없느니라(ὁ ἔχων οὖς ἀκουσάτω τί τὸ πνεῦμα λέγει ταῖς ἐκκλησίαις. τῷ νικῶντι δώσω αὐτῷ τοῦ μάννα τοῦ κεκρυμμένου, καὶ δώσω αὐτῷ ψῆφον λευκήν, καὶ ἐπὶ τὴν ψῆφον ὄνομα καινὸν γεγραμμένον ὃ οὐδεὶς οἶδεν εἰ μὴ ὁ λαμβάνων, 계 2:17).

- '토- 니콘티 … 아우토'(τῷ νικῶντι … αυτω): '니카오'(νικαω, 승리하다)의 현재분사 남성 단수 여격. "이기는 그에게."
- '투- 만나 투- 케크륌메누'(τοῦ μάννα τοῦ κεκρυμμένου): '크뤼프토'(κρυπτω, 감추다)의 완료수동태 분사. "감추었던 만나."
- '프세-폰 류켄-'(ψηφον λευκην): '프세-포스'(ψηφος, 흰 돌)은 오랜

세월 동안 파도에 갈려 동그랗게 된 조약돌. "흰 돌."

"이기는 그에게"(τῷ νικῶντι ... αυτω)는 곧 외부적 박해와 내부적 유혹에 승리하는 성도에게 '개별적으로' 상을 주실 것을 약속하심이다. 구원이 단체적이 아니듯이 상급도 단체적이 아니라 개별적이다.

"감추었던 만나"(τοῦ μάννα τοῦ κεκρυμμένου)는 금 항아리에 담아 법궤 안에 넣어둔 것(히 9:4)으로 갈대아인들이 예루살렘을 훼파할 때 예레미야와 요시야가 그것을 감추어 버렸고(참고. 바룩묵시록 29:8에 있는 전설에 근거), 지금까지 찾지 못하고 있다. '만나'는 하나님이 이스라엘민족을 위해 하늘에서 내리신 양식이다(출 16:13-15).

그리고 40년간이나 계속 허락하신 양식이다(출 16:35). 이와 같이 감추었던 만나는 신실한 그리스도인들에게 주시는 영적 생명의 양식이며, "내가 생명의 떡이로라"(요 6:48)고 말씀하신 예수 그리스도 자신을 의미한다.

그리고 "내 아버지의 나라에서 새것으로 너희와 함께 마시는 날 까지 마시지 아니하리라"(마 26:29)라는 말씀대로 새 하늘과 새 땅인 하나님 나라에서 먹게 될 양식인 "만나"를 뜻함이 아닌가.

'흰 돌'은 승리와 심판의 권위를 의미한다. 사형수를 포함하여 모든 죄수를 재판하는 아레오바고의 법정 앞에서 판사들이 논고가 끝나면 주어진 흰 돌과 검은 돌을 가지고 항아리 앞으로 가서 자기가 선택한 돌 하나를 던져 넣는다. 검은 돌은 피고인에 대한 정죄를 뜻하고, 흰 돌은 피고인에 대한 무죄를 뜻하는 것이었다. 그래서 그 돌 수에 따라서 판결했다. 검은 돌이 많으면 정죄요, 흰 돌이 많으면 무죄가 선언

되었다.

그리고 고린도전서 6:2, 3에 "성도가 세상을 판단할 것을 너희가 알지 못하느냐 … 우리가 천사를 판단할 것을 너희가 알지 못하느냐"고 말씀하고 있다. 최후까지 믿음을 지키고 승리한 신자에게는 심판의 권위를 부여해 주신다는 것이다.

어떤 학자는 '흰 돌을 준다'라는 것은 '인 치심'(엡 4:30)을 뜻한다고 한다. 인침은 주인의 소유를 의미하는 것이다. 더욱이 이 흰 돌 위에는 받는 사람만이 알 수 있는 천국 백성으로서의 새 신분과 함께 주어지는 새 이름이 새겨져 있어 우리 주님께서 다정스러운 음성으로 그 새 이름으로 우리를 불러 주실 것이다. 이것은 주님과의 최대의 친밀관계를 나타내는 것이며, 주님의 백성, 주님의 신부, 주님의 소유임을 확인하는 것이다.

좌우에 날 선 검을 가지신 예수 그리스도께서 오늘 우리를 보시고, 한국교회를 보시며 무엇이라고 말씀하실까?

한국교회는 일본의 강점에 의해 36년간 극도의 고난을 겪었다. 군국주의 독재자들에 의해 신사참배를 강요당했고, 천주교회, 성결교회, 감리교회, 장로교회의 순서로 총회적으로 신사참배를 가결했던 비극적이고 부끄러운 역사를 가지고 있다. 그 결과 동족상쟁이라는 참상을 맞이하게 되었으나, 그 아픔 가운데서 한국교회는 죄악을 회개했다. 영력을 회복하게 되었다. 그리고 놀라운 부흥을 이루게 되었고, 세계선교에 많은 힘을 기울일 수 있게 되었다.

그러나 내적으로 일어나는 물질만능주의, 교권주의, 세상 권력과의 타협, 신비주의에로의 몰입 그리고 자유주의적 신학 사상 등으로 영계는 크게 병이 들었고, 기둥뿌리가 썩어가기 시작했다.

   사탄의 유혹에 넘어지고 쓰러져서는 안 된다. 지금 정신 차리고 각성하자.

   성경으로 돌아가고, 주님의 뜻에 합당하게 올바른 해석을 하자.

   그리고 진실과 정의를 살게 하자, 나아가 거룩 되게 하고, 성결케 되자.

제 5 장

두아디라교회에 보내는 예수 그리스도의 편지
(계 2:18-29)

**예수 그리스도의
마지막 편지**

1. 두아디라(두아테이라, Θυατειρα)

두아디라는 에베소에서 북동쪽으로 약 140km, 그리고 버가모에서는 동남 쪽으로 약 65km에 위치해 있는 도시이다. 현재는 아키사(Akhissar)라고 불린다. 이 도시는 에베소, 서머나, 버가모와는 비교가 안 되지만 공업 도시로서 유명하다. 염색업(자주색 염색)과 모직공업이 발달했던 도시로서 사도행전 16:14에 나타난 대로 사도 바울이 마케도니아 지방 빌립보 어느 강변에서 몇 여인들에게 복음을 전했을 때 성령의 감동으로 복음을 영접했던 여인이 바로 자주 장사 루디아가 이 두아디라 성의 출신이다.

두아디라 성에는 남신(男神)과 여신(女神)을 우상으로 섬기는 악한 풍습이 있었고, 특별히 그 신당중 하나에는 사신(邪神)의 신탁을 받는 소위 여선지자가 있었다.

2. 두아디라교회

두아디라 성에 복음이 어떻게 전해졌는지는 기록이나 전언이 없어 알 수 없으나, 아마도 루디아라는 여인에 의해 두아디라교회가 설립된 것이 아닌가 생각한다. 별로 큰 교회는 아니었고 교인의 대부분이 유대인이 아닌 이방인들로 구성되어 있었다. 그리고 이 교회는 2세기 말에 소멸하였다고 한다. 그러니 교회가 세워진 지 약 150년밖에 유지를 못 한 셈이다.

3. 발신자

그 눈이 불꽃 같고 그 발이 빛난 주석과 같은 하나님의 아들이 이르시되(Ταδε λεγει ὁ ὺιος του Θεου, ὁ εχων τους οφθαλμους αυτου ὡς φλογα πυρος, και ποδες αυτου ὁμοιοι χαλκολιβάνῳ, 계 2:18).

다른 교회를 향한 발신자의 표현과는 달리 두아디라교회를 향해서는 발신자를 "하나님의 아들"(호 휘오스 투 데우-, ὁ ὺιος του Θεου)이라고 명시하고 있다. 이 표현은 일곱 교회 가운데서 유일하다.

그 눈이 불꽃 같고(τους οφθαλμους αυτου ὡς φλογα πυρος).

- '투-스 오프달무-스 아우투-'(τους οφθαλμους αυτου): 그의 눈들.
- '호-스'(ὡς): ~와 같다.
- '프로가 퓌로스'(φλογα πυρος): 화염, 불꽃.

이러한 표현은 예수 그리스도가 심판의 왕이심을 나타내고 있는 것이다. 인간의 심령과 행위와 인류의 역사를 꿰뚫어 보고, 감찰하고 계시는 하나님의 아들이시다. 왜냐하면 "지으신 것이 하나도 그 앞에 나타나지 않음이 없고 우리의 결산을 받으실 이의 눈앞에 만물이 벌거벗은 것 같이 드러나기"(히 4:13) 때문이다. 또한 "그 눈은 불꽃 같다"(계 19:12)라고 심판주를 표현하고 있다.

그 눈앞에서 누가 능히 자신의 죄악을 숨길 수 있겠는가?
이 순간에도 주님께서는 그 불꽃 같은 눈으로 우리의 마음과 생활을 살피시고 계신다.

그 발이 빛난 주석과 같은(ποδες αυτου ὁμοιοι χαλκολιβανω).

- '포데스 아우투-'(ποδες αυτου): 그의 발들.
- '호모이오이'(ὁμοιοι): 닮다, 비슷하다.
- '칼코리바노-'(χαλκολιβανω): 빛이 나는 주석, 구리.

'주석' 곧 놋쇠는 저주와 심판을 내리심을 의미함으로, 빛난 주석과 같은 발은 충실과 진실이신 주님이 오실 때 심판주의 모습을 표현한 것이다. 하나님의 아들 우리 주님의 발이 이르는 곳마다 모든 불의, 부정, 죄악을 드러내시고, 정복하시고, 심판하실 것이다.

이러한 위엄과 두려움과 영광 가운데 나타나신 '하나님의 아들'이 심판주로서 두아디라교회를 향하여 편지를 보내심이다.

4. 수신자

두아디라교회의 사자에게 편지하라(Καὶ τῷ ἀγγέλῳ τῆς ἐν Θυατείροις ἐκκλησίας γράψον, 계 2:18).

수신자는 두아디라교회의 감독인 목회자이다. 그리고 그의 감독과 목양을 받는 모든 신자를 칭함이다.

5. 편지의 내용

1) 칭찬

내가 네 사업과 사랑과 믿음과 섬김과 인내를 아노니 네 나중 행위가 처음 것보다 많도다(Οιδα σου τα εργα και την αγαπην και την πιστιν και την διακονιαν και την ὑπομονην σου, και τα εργα σου τα εσχατα πλειονα των πρωτων, 계 2:19).

- '오이다'(Οιδα): 현재적 의미로 내가 알고 있다.
- '수- 엘가'(σου εργα): '에르곤'(εργον, 일, 행위)의 복수 목적격, 행위들을. 너의 일들을.
- '아가펜-'(αγαπην): '아가페-'(αγαπη, 사랑)의 단수 목적격, 사랑을.
- '피스틴'(πιστιν): '피스토스'(πιστος, 믿음, 신앙, 신실함)의 단수 목적격, 믿음을.
- '디아코니안'(διακονιαν): '디아코니아'(διακονια, 섬김, 봉사)의 단수 목적격, 섬김을.
- '휘포모넨-'(ὑπομονην): '휘포모네-'(ὑπομονη, 고통 중에 참음, 인내).
- '수-'(σου): '쉬'(συ, 너, 당신)의 단수 소유격, 너의, 당신의.
- '에스카타'(εσχατα): '에스카토스'(εσχατος, 마지막)의 복수 주격.
- '프레이오나'(πλειονα): 많은, 큰.
- '프로-톤-'(πρωτων): '프로-토스'(πρωτος, 앞의, 먼저)의 복수 소유격.

주 예수 그리스도께서는 두아디라교회를 향하여 아낌없는 칭찬을 하셨다. 복음 사업을 훌륭히 해낸 것을 칭찬하셨고, 형제와 이웃을 사랑한 그 행위를 칭찬하셨고, 어려움 중에서도 믿음을 지킨 것과 더욱 믿음이 성장한 것을 칭찬하셨다. 많은 봉사활동을 한 것을 칭찬하시며 많은 환난 중에서도 믿음을 저버리지 않고 인내한 것을 칭찬하셨다.

그리고 주님께서 두아디라교회를 향해 더욱 칭찬하신 것은 나중 행위가 처음 행위보다 많다는 것이다. 박해와 시험이 있었고, 거짓 사상이 침투하는 중에서도 적은 무리가 진리를 사수한 사실을 칭찬하셨다.

매튜 아놀드(Mathew Arnold)가 영국 중부에 있는 럭비채플(Rugby Chaple)에서 영국의 영적 지도자들을 대상으로 다음과 같은 글을 전한 바 있다.

> 신성한 열정 어린 찬란함이여!
> 소망의 불길이여, 그대가 나타나도다!
> 그대의 마음속에는 노곤함이 없구나.
> 그대의 말(言)에는 나약함이 없도다.
> 그대는 우리의 간격을 메우고,
> 구부러진 길을 곧게 하도다.
> 변함없이 행진을 계속하도다.
> 한없이 계속함이여,
> 하나님의 도성에 이르기까지.

이것은 진실한 그리스도인의 신앙적 전진의 모습을 말한 것이다.

두아디라교회의 복음 사업, 사랑, 믿음, 봉사 그리고 인내가 날이 갈수록 점점 열심히 더해 갔고 더욱 뜨거워져 갔고, 더욱 성장, 성숙해져 갔다. 어린 아기가 정상적으로 출산하고 정상적으로 양육된다면 발육이 잘 되고 건강하고 점점 성장하듯이, 신앙생활도 처음에 복음을 바르게 영접하고 성령으로 중생하면 말씀과 기도로 능력을 더욱 얻고 성장하고, 섬김과 사랑과 전도를 실천하므로 더욱 발전하게 된다.

"네 시작은 미약하였으나 네 나중은 심히 창대하리라"(욥 8:7)라는 말씀을 기억하자.

살아 있는 신앙은 점점 성장하고 성숙해지고 성령의 열매를 많이 맺게 된다. 점점 창대해져 간다. 신앙의 성장, 신앙의 창대는 그 사명을 완수하기 위해 생활과 물질의 창대를 수반한다.

주님께서 "아버지의 온전하심 같이 너희도 온전하라"(마 5:48)라고 하신 말씀을 따라 예수 그리스도의 십자가의 푯대를 향하여 우리의 신앙인격이 성장하고, 성숙해 가야 하겠다.

주님께서는 두아디라교회를 향하여 심판을 위한 책망을 하시기 전에 실질적으로 공정하게 칭찬할 것을 칭찬하셨다.

2) 책망

그러나 네게 책망할 일이 있노라 자칭 선지자라 하는 여자 이세벨을 네가 용납함이니 그가 내 종들을 가르쳐 꾀어 행음하게하고 우상의 제물을 먹게 하는도다. 또 내가 그에게 회개할 기회를 주었으되 자기의 음행을 회개하고자 아니하는도다(αλλα εχω κατα σου ὁτι αφεις την γυναικα Ιεζαβελ, ἡ λεγουσα ἑαυτην προφητιν, και διδασκει και πλανα τους εμους δουλους πορνευσαι και φαγειν ειδωλοθυτα. και εδωκα αυτη χρονον ἱνα μετανοηση, και ου θελει μετανοησαι εκ της πορνειας αυτης, 계 2:20, 21).

- '알라'(αλλα): 강한 부정을 나타내는 "그러나."

- '에코 카타 수'(εχω κατα σου): 내가 너에게 대항하는 것을 소유하고 있다. 곧 내가 네게 책망할 것이 있다.
- '아훼이스'(αφεις): '아휘에-미'(αφιημι, 놓아주다, 보내다, 홀로 두다)의 제2부정과거분사 남성 단수 주격(용납하다).
- '귀나이카'(γυναικα): 여인, 결혼한 여인, 아내.
- '이에자벨'(Ιεζαβελ): 이세벨.
- '헤 레구사 헤아우텐- 프로훼-틴'(ἡ λεγουσα ἑαυτην προφητιν): 자기 스스로 여선지자라고 말하고 있는 여인.
- '디다스케이 카이 프라나'(διδασκει και πλανα): 가르치고 나쁜 길로 미혹하다.
- '투스 에무-스 두-루-스'(τους εμους δουλους): 나의 종들을.
- '포르뉴사이'(πορνευσαι): 포르뉴오(πορνευω)간통하다, 행음하다의 제1부정과거 가정법(행음하게했다).
- '화게인'(φαγειν): '에스디오-'(εσθιω, 먹다)의 제2부정과거.
- '에이도로뒤타'(ειδωλοθυτα): 우상에게 드려진 제물들을.
- '크로논 히나 메타노에-세-'(χρονον ινα μετανοηση): 회개할 결정적 시간을.
- '우- 데레이'(ου θελει): ~하려고 하지 않다.
- '에도-카'(εδωκα): '디도-미'(διδωμι, 내가 주다)의 제1부정과거.

(1) 이세벨을 용납함

에베소교회에 니골라당이 있었고, 버가모교회에는 발람의 종파가 있었던 것처럼 두아디라교회에는 이세벨을 따르는 자들이 있었다.

이것을 책망하신다.

(2) 이세벨주의란?

첫째, 매춘행위이다.

열왕기상 16:31-33에 의하면 북왕조 이스라엘 왕 아합(제7대, BC 875-854)이 하나님의 말씀을 무시하고 자기 동족 가운데서 아내를 취하지 아니하고 이방 나라 시돈 왕 엣바알의 딸 이세벨을 아내로 취했다.

이세벨이 이스라엘로 시집올 때 자기 나라에서 숭배하던 '바알신'(태양신)을 가지고 와서 바알 신당과 아세라(바알신의 배우자 여신) 목상신당을 지어 아합왕과 이스라엘 온 민족으로 하여금 여호와 하나님 대신에 바알을 숭배케 했다. 그리고 그 제물을 먹게 하고 행음하게 했다. 그 신전에서뿐만 아니라, 심지어는 하나님 앞에서 매춘행위를 강요한 예배행위는 가장 최악의 죄악이다. 그 이외에 갖은 악행을 자행했으며, 하나님의 선지자들을 모두 학살했다(왕상 18:4). 그래서 아합은 이스라엘 역대 왕들 중에 최악의 왕으로 평가되고 있다.

이세벨주의는 영적으로 하나님을 배반하고 우상을 숭배케 하여 타락시키는 것이며, 육체적으로는 직접 음란의 행위를 종교의식으로 행하게 하여 정신적으로, 육체적으로 범죄케 했다.

이세벨에게는 바알신을 숭배하는 제사장 450명과 '작은 숲'의 선지자 곧 음란의 여신을 숭배하는 선지자 400명 도합 850명의 제사장이 있었다. 이것을 보면 이세벨의 세력이 얼마나 위세 당당했고, 그 앞에 복종치 않을 자가 없었음을 알게 된다.

남근숭배와 비너스(여신)우상 이외에도 수많은 자연숭배가 있었으며 땅의 풍요를 신앙하는 태양숭배와 평야의 풍요와 인간의 성적 행동을 연합시키는 등 많은 자연숭배가 있었다. 헤로도토스와 스트라본의 기술에 의하면 가장 잘 알려진 종교상의 매춘행위는 갈대아 비너스 신전에서 자행된 행위인데 그 명칭은 미리타(Mylita)이다.

둘째, 탐욕주의이다.

열왕기상 21:5-7에 의하면 이세벨이 나봇의 포도원(레 25:23)을 강탈하여 자기의 탐욕을 만족시키는 것이다. 그녀는 이 일을 성공시키기 위해 거짓 증인을 세워 왕과 하나님을 모독했다고 하게 하여 나봇을 죽이고 그 포도원을 강탈한 일이다.

셋째, 허위주의이다.

이세벨 자신이 자칭 여호와 하나님의 여선지자라 하여 왕권과 종교권을 장악하고 하나님의 선량한 선지자들을 학살했다. 교회의 진리와 진실이 자취를 감추고 허위가 득세하는 현실이다.

넷째, 교권주의이다.

이세벨은 타락한 정치 권력으로 하나님의 교회를 장악하고 지배했다. 그러자 소수의 진실한 신자들을 제외하고는 모두가 정치 권력에 아첨하여 교회의 본래 사명을 상실하고 말았다. 정치 권력과 결탁한 교권(敎權)이 하나님의 자리를 빼앗아 절대 권좌를 차지한 것이다.

(3) 회개하지 않음

심판의 주님으로 나타나신 예수 그리스도께서 두아디라교회에게 회개의 기회를 주셨다. 이세벨적 모든 죄악을 지적하신 주님께서는 그 죄악들을 회개하기를 권하셨다. '회개의 기회'를 주셨다고 했다. 이 기회는 크로노스(χρονος)의 시간이다. 곧 기간이 결정되어 있는 시간이다. 그러나 그 교회가 회개를 거부하므로 주님께서 준엄한 책망을 발하고 계시다.

교회와 신자에게 회개할 기회를 주시는 것은 그만큼 사랑하신다는 증거이다. 그럼에도 불구하고 회개치 않는 것은 그 심령이 화인 맞아 마비되어서 무감각해진 연고일 것이다.

회개는 신앙 회복의 첩경이요, 심판주의 진노를 달래는 유일의 길이요, 모든 축복을 회복할 수 있는 가장 중요한 길이다. 교회 부흥의 유일한 방법이다.

아! 슬프다. 회개하지 않는 두아디라교회여!

옛날에 색손(Saxon)왕국에서 있었던 일이다. 나라에 반역도들의 난리가 발생했다. 그리하여 왕이 직접 많은 군대를 거느리고 반역도들과 싸우게 되었다. 원래 훌륭한 왕이었기 때문에 곳곳에서 승리했다. 온 나라에 평화를 되찾게 되었다.

승리를 거두고 왕궁으로 돌아온 왕은 한 가지 특별한 일을 명했다. 전국에 널리 알려서 왕이 왕궁 정문에 한 자루의 촛대에 불을 켜서 세워두는데 이 초가 다 탈 때까지 음모에 가담했던 자는 누구든지 자수하면 용서해 주겠다는 메시지, 즉 왕의 자비를 베푸는 것이다. 그러나 기회는 한 자루의 초가 다 탈 때까지의 시간이다. 그 시간이 지나면 소용이 없는 것이다.

초 한 자루가 타는 시간이 얼마나 되겠는가?

우리 인생의 생명도 한 자루의 초와 같다. 유한한 인생이다. 짧은 인생의 삶의 기간 안에 하나님께 나아와 회개하고, 용서받고 구원함을 얻자. 촛불이 꺼지기까지이다. 인생이 죽은 다음에는 구원의 기회는 다시없다.

3) 권면

두아디라에 남아 있어 이 교훈을 받지 아니하고 소위 사탄의 깊은 것을 알지 못하는 너희에게 말하노니 다른 짐으로 너희에게 지울 것은 없노라. 다만 너희에게 있는 것을 내가 올 때까지 굳게 잡으라(ὑμῖν δὲ λέγω τοῖς λοιποῖς τοῖς ἐν Θυατείροις, ὅσοι οὐκ ἔχουσιν τὴν διδαχὴν ταύτην, οἵτινες οὐκ ἔγνωσαν τὰ βαθέα τοῦ Σατανᾶ, ὡς λέγουσιν, οὐ βάλλω ἐφ᾽ ὑμᾶς ἄλλο βάρος· πλὴν ὃ ἔχετε κρατήσατε ἄχρι οὗ ἂν ἥξω, 계 2:24, 25).

인간은 영물인 사탄의 계획 그 깊음 속에 있는바 하나님의 구원계획을 방해하고 이루지 못하게 하려는 궤계를 알 수 없다. 그러나 드러나는 열매와 그 행위를 보고 알 수 있다. 성경을 통해 분명히 알 수 있다. 두아디라교회의 신자들은 성경에 대한 올바른 지식과 지혜가 부족했으며, 사탄이 활동하는 일들을 보고 진리와 비진리를 분간할 수 없었다. 그래서 사탄에게 미혹되었던 것이다.

두아디라교회에는 비록 이세벨 사상이 침투하여 신앙적으로 잘못되고 타락했으나 그중에서도 신앙의 순수성을 사수하는 소수의 신자들이 있었다. 그런 성도들에게 권면하시기를 "다만 너희에게 있는 것을 내가 올 때까지 굳게 잡으라"고 당부하시며 권고하셨다.

- '타 바데아 사타나'(τα βαθεα του Σατανα): 사탄의 깊은 데 있는 것들을.
- '프렌-'(πλην): 그렇지만, 그럼에도 불구하고.

- '호 에케테'(ὁ εχετε): 너희가 가지고 있는것.
- '카타테-사테'(κατατησατε): 굳게 잡으라.
- '아크리스'(αχρις): 때까지.
- '헥소-'(ἡξω): '헤-코-'(ἡκω)의 제1부정과거 가정법 3인칭 단수, 오다, 도착하다.

엘리야가 다른 모든 선지자들이 이세벨에게 죽임을 당하고 자기 혼자만 남은 줄 알았으나, 하나님께서는 이스라엘 가운데 바알에게 무릎을 꿇지 아니하고 바알에게 입 맞추지 아니한 사람들 7,000명을 남겨 두었음을 말씀하셨다(왕상 19:18).

두아디라교회에도 이세벨에게 복종하지 아니하고 여호와 하나님 신앙을 사수하는 소수의 성도들이 남아 있었다. 이 소수가 보화(寶貨)요, 생명력이다.

이들은 대환란을 당하지 않도록 보호해 주실 것을 약속하고 계시다(계 3:10). 그러나 이세벨에게 복종한 자들에게는 '큰 환란'(22절)이란 엄벌이 기다리고 있다.

어느 시대에나 기독교가 너무 세속화되면 하나님의 소명을 저버리게 된다. 우리는 세상을 향한 그리스도의 증인(證人)이지 세상 권력과 짝한 다스리는 자가 아니다. 우리가 다스릴 때가 오는데 그것은 미래에 속한 일이다. 지금은 인간의 시대이다. 다만 이세벨만이 그리스도를 십자가에 못 박은 세상과 짝할 수 있는 것이다.

유혹과 시험이 있고 환난과 핍박이 있는 중에도 신앙의 순수성을 굳게 지키고, 그릇된 사상에 오염되지 아니하고, 이세벨 교권주의에 매혹되지 아니하고 끝까지, 주님 오시는 날까지 신앙의 정조를 지킬 것을 권고하셨다.

4) 약속

이기는 자와 끝까지 내 일을 지키는 그에게 만국을 다스리는 권세를 주리니 … 내가 또 그에게 새벽 별을 주리라(καὶ ὁ νικῶν καὶ ὁ τηρῶν ἄχρι τέλους τὰ ἔργα μου, δώσω αὐτῷ ἐξουσίαν ἐπὶ τῶν ἐθνῶν, … ὡς κἀγὼ εἴληφα παρὰ τοῦ πατρός μου, καὶ δώσω αὐτῷ τὸν ἀστέρα τὸν πρωϊνόν, 계 2:26, 28).

- '엑수시아'(εξουσια): 권세, 능력, 권위, 지배권, 전권.
- '에드논-'(εθνων): '에드노스'(εθνος, 나라, 백성, 이방인의 나라와 백성)의 복수 소유격.
- '에피'(επι): 전치사, ~위에. επι + εθνων(이방 나라들 위에 군림하여 다스리다).

예수 그리스도께서 두아디라교회의 승리자에게 두 가지 상급을 약속하셨다.

첫째, "만국을 다스리는 권세"(δωσω αυτω εξουσιαν επι των εθνων)**이다**. 이 권세는 예수 그리스도께서 성부 하나님에게서 받으셨던 그 권세이다(계 2:27). 끝까지 승리하는 성도에게는 불신앙의 세상 사람들과 나라들을 다스리되 철장을 가지고 질그릇 깨뜨리듯 할 수 있는 권세 곧 그리스도와 같은 권세를 주실 것을 약속하셨다.

이 권세는 시편 2:8, 9에 "내게 구하라 내가 이방 나라를 네 유업으로 주리니 네 소유가 땅끝까지 이르리로다. 네가 철장으로 그들을 깨드림이여 질그릇 같이 부스러라 하시도다"는 말씀같이 하나님께서 그리스도에게 주시기로 약속하셨던 그 권세이다. 그 권세를 성도에게 주시겠다고 약속하심이다.

둘째, "**새벽 별**"(톤 아스테라 톤 프로-이논, τον αστερα τον πρωινον)**이다**.

요한계시록 22:16에 "나는 다윗의 뿌리요 자손이니 곧 광명한 새벽 별이라"고 말씀하셨다. 주님 자신을 새벽 별이라 하심은 그 새벽별이신 자신을 주신다는 것이며, 그리스도의 특권을 주신다는 것이다. 이것은 주님께서 재림하실 때 주님의 신부(新婦)로서 그리스도와 함께 영원히 영광 가운데 빛나게 될 축복이다.

새벽 별의 역할은 아침이 가까워져 옴을 예고함이다.

① 예수 그리스도의 재림을 예고하고,
② 그리스도의 심판을 예고하고,
③ 하나님의 새 하늘과 새 땅이 가까이 왔음을 예고하고,
④ 성도가 당하는 어두운 고난이 끝났음을 예고하는 것이다.

그리고 그리스도인은 새벽을 고하는 사명자이다.

"귀 있는 자는 성령이 교회들에게 하시는 말씀을 들을지어다"라는 말씀은 주님께서 현대인들에게 주시는 메시지다!

주님께서 지금 심판주로서 오고 계시다. 대환난의 때가 오기 전에 이 세상에서 우리를 구출하실 것이다. 우리는 주님과 함께 있게 될 것이며, 우리는 거짓 여왕인 이세벨로서가 아니라 남편에게 사랑받는 신부로서, 주님과 하나 된 자로서 오게 될 것이다. 예수 그리스도는 선택하신 교회와 성도들로 하여금 아무런 흠과 티가 없게 하시려고 오시는 것이다. 순결한 신부로서 주님 앞에 나타나기를 원하신다. 이것은 그리스도와 교회로 하여금 영적 결혼의 위대한 신비의 완성인 것이다 (엡 5:22-33).

제6장

사데교회에 보내는 예수 그리스도의 편지
(계 3:1-6)

예수 그리스도의
마지막 편지

1. 사데 (사르데이스, Σαρδεις)

　에베소에서 북동쪽으로 약 80km, 그리고 두아디라에서 동남방으로 약 50km 지점에 위치해 있는 도시로서 고대 루디아(Lydia)의 수도였다. 다섯 개의 교통도로가 열려있어서 교통의 요지였고, 모직업과 염색업이 발달하여 공업 도시와 상업 도시로 유명하며, 매우 부유한 도시였으며, 세계적인 부자 크로에수스(Croesus)의 자산이 있던 곳이다. 사데는 쉽게 부유해진 도시였기 때문에 사람들이 매우 게을러졌다. 소아시아 지방에서 중요한 도시였다. BC 549년에 페르시아인 사이러스(Cyrus)에 의해 일차 함락을 당한 바 있고, BC 218년에 안티오쿠스

(Antiochus)에 의해 이차 함락을 당한 바 있다. 사데는 가파른 언덕 위에 세워졌기 때문에 난공불락의 요새였다. 사데인들은 그 사실을 과신하여 밤에 파수를 서지 아니했다. 그래서 적군들이 그 틈을 이용하여 공격했던 것이다. 그리고 17년에는 지진으로 크게 붕괴된바 있었으나 티베리우스 황제에 의해 속히 재건되기도 했다.

사데는 여러 번 멸망했었으며 최후의 멸망은 15세기 초에 타메레인(Tamerlane)에 의해 함락되었다가 그 후에 그 자리에 사르트(Sart)라는 마을이 건설되었다.

사데의 사회상을 보면, 이곳에 거주했던 시민들은 옛적부터 사치하고 음탕한 것으로 유명했다. 로마의 지방청이 있었고 황제예배가 성행했던 도시이다. 그 시민들은 사이벨레(Cybele)라는 우상을 숭배했는데, 이는 프리지아(Phrygia)의 여신 'the Great Mother'라 하며, 곡식의 결실을 상징한다.

2. 사데교회

이와 같은 사데 성에 복음이 전파되어 주님의 교회가 세워졌다. 예수 그리스도께서 이 교회를 향해 편지를 보내고 계신다.

역사가 유세비우스의 기록에 의하면 제2세기에 사데교회에는 유명한 감독 메리토(Melito)가 감독으로 목양했으며, 그가 로마 황제에게 『변증서』(*Apology*, 기독교의 진리를 변증하는 글)를 보낸 바 있으며, 그는 평생 성령으로 충만한 생활을 하다가 소천 되어 사데에 묻혔다고 한다.

메리토는 사도 요한의 사상을 계승한 소아시아 학파의 한 사람이었다. 소아시아학파의 특징은 회유적(懷柔的)인 경향, 성서에 대한 확고한 신념, 그리고 이단자들에 대한 투쟁이라 할 수 있다. 그 학자들로서는 메리토, 이레니우스(Irenaeus), 힙폴리터스(Hippolytus), 로마의 카이오스(Gaius of Rome), 헤게십퍼스(Hegesippus) 그리고 쥴리어스 아프리카너스(Julius Africanus) 등이 있다.

사데 교회에 보내는 예수 그리스도의 편지 중에 한 가지 특징은 다른 교회는 먼저 칭찬, 책망, 권면의 순서로 편지를 기록하셨는데 사데 교회에는 다른 교회와는 달리 먼저 책망과 권면을 말씀하신 다음에 칭찬을 하셨다는 점이다.

3. 발신자

하나님의 일곱 영과 일곱 별을 가지신 이(ὁ εχων τα ἑπτα πνευματα του θεου και τους ἑπτα αστερας, 계 3:1).

- '호 에콘-'(ὁ εχων): '에코-'(εχω, 내가 소유하다)의 현재분사 남성 단수 주격. 소유하고 있는 이.
- '타 헤프타 프뉴마타'(τα ἑπτα πνευματα): 일곱 영들을.
- '투-스 헤프타 아스테라스'(τους ἑπτα αστερας): 일곱 별들을.

'일곱'이라는 수는 완전수로서 하나님의 일곱 영이라 함은 하나님의 보좌 앞에 있는 하나님의 일곱 영(계 1:4; 4:5) 곧 하나님의 완전한 능력과 은혜와 역사하심이 있는 성령을 의미함이다. 그리고 일곱 별은 일곱 교회를 지칭하지만, 주님의 교회 전체를 뜻함이다.

"하나님의 일곱 영과 일곱 별을 가지신 이"라 함은 교회마다 하나님의 성령이 지배하신다는 깊은 뜻이 있다. 주님의 성령께서 그리스도의 몸 된 교회를 다스리시고 지도하심을 뜻함이다.

교회는 모든 분야에 있어서 각기 다른 분야와 조화를 이루어야 한다. "주의 영이 있는 곳에는 자유함이 있다"(고후 3:17). 그렇지만 에베소서 4:3에 의하면 이 자유는 성령이 하나 되게 하심으로 가능한 것이다. 교회조직이나 행정이 교회를 하나 되게 하거나 자유하게 하거나 조화롭게 하는 것이 아니라 오직 성령에 의해 되어야 한다. 성령의 역사(役事)없이 조직과 행정만 있는 교회는 경직화되고 화석화되고 만다. 중세에 있어서도 로마 가톨릭이 그러했으므로 주님은 성령이 없는 교회조직을 사탄의 깊은 것(계 2:24)이라고 지적하셨다.

교회의 창시자시요, 지배자이신 주 예수 그리스도께서 사데 교회에 이 편지를 보내고 계시다. 여기서 발신자는 특별히 교회를 다스리시는 그리스도로 나타나있다.

인간적인 조직이나, 인간적인 방법이 교회를 지배하는 위치에 있었기 때문에 교회의 머리는 오직 예수 그리스도이시다는 사실을 명시하고 있다. 예수 그리스도만이 교회의 지배자이심을 가르치기 위해 하나님의 일곱 영과 일곱 별을 가지신 주님으로 표현하고 있다.

4. 수신자

사데 교회의 사자에게 편지하라(Και τω αγγελω της εν Σαρδεσιν εκκλησιας γραψον, 계 3:1).

이 편지의 수신자는 사데 교회의 사자인 감독, 목회자뿐만 아니라 그 교회에 소속된 모든 신자들을 말함이다. 그리고 모든 시대에 모든 교회의 지도자와 신자들에게 주시는 편지이다. 왜냐하면 주님의 말씀은 한 시대에만 국한된 말씀이 아니라 전 시대 전 인류에게 주시는 말씀이 되기 때문이다.

5. 편지의 내용

1) 책망

내가 네 행위를 아노니 네가 살았다 하는 이름은 가졌으나 죽은 자로다(οιδα σου τα εργα, ότι ονομα εχεις ότι ζης, και νεκρος ει, 계 3:1).

- '오이다'(οιδα): 내가 알다.
- '에르가'(εργα): '에르곤'(εργον, 행한 일, 행위)의 복수 목적격.
- '오노마'(ονομα): 이름.
- '엑케이스'(εχεις): '엑코-'(εχω, 내가 소유하다)의 2인칭 단수.

- '호티'(ὁτι): 관계대명사.
- '제-스'(ζῃς): 자오-(ζαω, 살다, 살아 있다)의 현재 2인칭 단수.
- '네크로스'(νεκρος): 죽은.

교회의 주인이신 예수 그리스도께서는 사데교회의 신앙적 상태와 그 신앙의 표현인 삶을 불꽃 같은 눈으로 낱낱이 살펴 알고 계시다. 그래서 사데교회의 신앙적 생명력을 잃어버리고 죽은 상태에 있는 형편을 보시면서 책망하시는 주님 자신도 매우 안타까우신 것이다. 그렇지만 공의로우신 주님은 준엄하고 냉정하게 책망하고 계시다.

오늘 그 주님께서 우리 한국교회와 모든 신자들의 삶을 보시면서 무엇이라고 결론을 내리실까?

생명력이 넘치고 있다고 평가하실까?

아니면 시들고 있다고 하실까? 아니면 죽었다고 하실까?

한국의 그리스도인들이여, 자성하자.

사데교회는 명목상은 그리스도의 교회요, 그리스도인들이었지만 실제에 있어서는 죽은 상태에 있었고 생명력을 상실한 상태에 있었다. 반사상태(半死狀態)였다. 꽃이 피어있는 가지를 가위로 잘라 꽃병에 꽂은 것과 같은 것이다. 살아 아름다워 보이지만 이미 원가지에서 잘려진 죽은 꽃이다. 잠시 동안 살아 있어 보일 뿐이다.

기독교의 신앙이란 부활하신 생명의 주님을 믿는 것이요, 영접하는 것이요, 그리스도로 말미암아 새 생명을 얻는 것이며, 영생을 얻는 것이다. 그래서 기독교 신앙은 생명인 것이다.

이런 의미에서 볼 때 신앙은 생동적이어야 하고, 죽음을 생명으로 바꾸는 능력이어야 한다. 그래서 그리스도화(化)시키는 능력이요, 새로운 피조물이 되게 하는 새 생명이어야 한다. 성장하고, 발전하고, 확장하고 부흥하는 힘이어야 한다.

신앙은 죄인을 하나님의 자녀로 거듭나게 하고, 변화시키는 힘이요, 우상숭배의 가정을 예수 그리스도만을 경외하는 그리스도의 가정으로 변화시키고, 그 사회를 그리스도의 사회로 변화시키고, 문화를 그리스도의 사상이 지배하는 문화로 변화시키는 능력이어야 한다.

사도행전의 초대 기독교 역사가 이 사실을 증명해 주고 있다.

그들은 얼마나 생동적이었으며, 얼마나 기적적이었으며, 얼마나 능력적이었는가!

그러기에 불신자들이 기독교회를 보고 두려워했던 것이다.

그러나 사데교회는 신앙의 생명력을 상실한 상태에 있었다. 그리고 자기 자신이 영적으로 죽은 상태에 있음도 알지 못하고 있었다. 형식은 있으나 내용이 없는 교회, 말씀은 논리적이고 유창하나 행함이 없는 교회, 올바른 정통적 신조는 있으나 올바른 행위가 없는 교회, 외형적 예절은 있으나 참사랑이 없는 교회, 경직되어버린 교회였다.

사데교회에는 아름다운 예배당이 있었고, 조직이 있고, 행정이 있었고, 교리가 있었으나, 거기에는 가장 중요한 생명이 없었고, 예수 그리스도 자신이 계시지 아니했다. 죽었으므로 열매가 없었다. 사데교회는 바로 이런 점들 때문에 주님에게서 책망을 받은 것이다. 죽은 시체가 아무런 감각이 없듯, 믿음이 죽으면 영(靈)이 무감각해지고 경직되어 버려서 하나님과의 영적 소통이 이루어지지 않는다. 그래서 말씀을 들어도 깨달음이 없다. 깨달음이 없기 때문에 회개가 없는 것이다.

게오로규는 그의 "25시"에서 유럽의 영적 시간이 25시라고 말했다. 25시는 생명이 없는 시간이요, 죽은 시간이요, 하나님 심판의 시간이다. 교회가 생명력을 잃으면 세상이 교회의 죽은 모습을 보고 하나님이 죽었다고 오해하게 된다. 이것이 현대에 있어서 유럽에 나타난 현상이요, 또한 머지않은 미래에 한국교회가 당할 모습이기도 하다. 벌써 유럽에는 프레드리히 니체(Friedrich W. Nietzsche, 1844-1900)의 영향을 받아 하나님이 죽었다고 하는 '사신신학'(死神神學)이 활개를 펴고 있으며, 한국교회도 그 영향을 이미 받고 있다.

2) 권면

너는 일깨워 그 남은 바 죽게 된 것을 굳건하게 하라 내 하나님 앞에 네 행위의 온전한 것을 찾지 못하였노니, 그러므로 네가 어떻게 받았으며 어떻게 들었는지 생각하고 지켜 회개하라. 만일 일깨지 아니하면 내가 도둑같이 이르리니 어느 때에 네게 이를는지 네가 알지 못하리라(γίνου γρηγορῶν, καὶ στήρισον τὰ λοιπὰ ἃ ἔμελλον ἀποθανεῖν, οὐ γὰρ εὕρηκά σου τὰ ἔργα πεπληρωμένα ἐνώπιον τοῦ θεοῦ μου· μνημόνευε οὖν πῶς εἴληφας καὶ ἤκουσας καὶ τήρει, καὶ μετανόησον· ἐὰν οὖν μὴ γρηγορήσῃς, ἥξω ὡς κλέπτης, καὶ οὐ μὴ γνῷς ποίαν ὥραν ἥξω ἐπὶ σέ, 계 3:2, 3).

- '기누-'(γινου): '기노마이'(γινομαι, 내가 … 되다)의 명령법 2인칭 단수. 너는 … 되라.
- '그레-고론'(γρηγορων): '그레-고레오'(γρηγορεω, 깨어나다, 자지 않

고 깨어 있다)의 현재분사 남성 단수 주격. 깨어나서 졸지 말고 살피라는 뜻.

- '스테-리손'(στηρισον): '스테리조-'(στηριζω, 굳게 서다)의 명령법 제1부정과거 2인칭 단수.
- '로이파'(λοιπα): '로이포스'(λοιπος, 남은 것)의 중성 복수 주격 및 여격.
- '에멜론'(εμελλον): '멜로-'(μελλω, ~하려고 하다[to be about to])의 미완료 1인칭 단수 및 3인칭 복수.
- '아포다네인'(αποθανειν): '아포드네-스코-'(αποθνησκω, 죽다)의 제2부정과거 가정법.
- '하'(ἁ), '호스'(ὁς), '헤-'(ἡ), '호'(ὁ): 관계대명사[who, which]의 중성 복수 주격 및 목적격.

주님께서는 사데교회를 향하여 세 가지 권면을 하고 계시다.

(1) "너는 일깨우라"(기누- 그레-고론-, γινου γρηγορων)

야영진지 가운데 있는 파수꾼이 잠들면 자신이 죽을 뿐만 아니라 온 군대가 멸망당하는 것이다.

파수꾼이 깨어 살피며 지켜야 하듯 하라는 뜻이다. 죽은 자에게 필요한 것은 무엇인가?

생명의 소생이다.

그 생명의 증거는 무엇인가?

깨어남이다.

사막에 한때 홍수가 범람했었으나 잠시 후에 메말라 버리고 사막이 드러나고 만다. 이와 같이 사데교회에 한때 성령의 은혜가 충만했었으나 그것을 유지하지 못하므로 영적 사막, 영적 불모지가 되고 말았다. 그러한 교회를 향하여 "깨어나라"고 권면하신다.

누가복음 7:11-17 내용을 보면, 예수님께서 공동묘지를 향해 가는 나인성 한 과부의 죽은 외아들의 시신을 향해 무엇이라고 외치셨던가?

"청년아 일어나라!"(네아니스케, 소이 레고 에겔데-티, $\nu\epsilon\alpha\nu\iota\sigma\kappa\epsilon$, $\sigma\iota\iota\,\lambda\epsilon\gamma\omega$, $\epsilon\gamma\epsilon\rho\theta\eta\tau\iota$, 청년아, 내가 네게 말하노니 일어나라)고 외치시자 즉시 죽었던 청년이 살아 일어났다. 죽음이 생명으로 변하는 기적이 일어난 것이었다. "잠자는 자여 깨어서 죽은 자들 가운데서 일어나라"(엡 5:14)는 명령은 오늘 우리를 향한 주님의 명령으로 들려온다.

그러므로 주님께서 "들을 귀 있는 자는 들으라"고 말씀하심이 아니겠는가?

주님께서는 모든 시대의 교회들을 향하여 "깨어라," "일어나라"고 소리치고 계신다.

우리의 영혼의 귀를 열자.

그리고 주님의 안타까이 부르짖으시는 그 음성을 듣자.

그리고 깨어 일어나자.

다시 영성을 회복하고, 성령 충만함을 얻어 생명력이 회복되도록 하자.

(2) "남은 바 죽게 된 것을 굳게 하라"(카이 스테-리손 타 로이파 하 에멜론 아포다네인, $\kappa\alpha\iota\,\sigma\tau\eta\rho\iota\sigma\sigma\nu\,\tau\alpha\,\lambda\sigma\iota\pi\alpha\,\grave{\alpha}\,\epsilon\mu\epsilon\lambda\lambda\sigma\nu\,\alpha\pi\sigma\theta\alpha\nu\epsilon\iota\nu$)

사데교회는 전반적으로 영적으로 죽은 상태에 있었으나, 그중에 소수의 신자들이 아직도 그 신앙이 살아서 유지하고 있으니 그것이라도 죽지 않도록 굳게 잡으라고 권면하고 계시다.

강물이 오염되면 그 오염된 구역에 있는 물고기들은 모두 죽고 만다.

영적으로 죄악에 오염된 교회가 그 생명을 잃어버리게 된다. 그러나 다행하게도 사데교회에는 신앙의 지조를 지킨 소수의 신자들이 있었으니 그 신앙을 사수하라고 권면하신다.

왜 주님께서 이렇게 권면하시는가?

"내 하나님 앞에 네 행위의 온전한 것을 찾지 못하셨기" 때문이다.

죄악에 오염되지 아니한 그 소수의 신자들을 통하여 그 교회가 재부흥할 수 있게 되기를 희망하시는 것이 아니겠는가?

다시 성령의 불길이 일어나기를 바라시는 것이 아니겠는가?

이것은 그만큼 주님 자신의 피 값을 주어 세우신 교회를 사랑하시기 때문이다.

잎만 무성하고 열매가 없는 무화과나무를 저주하여 죽게 하셨던 것은 하나님께 드려질 온전한 열매를 맺지 못하는 교회에 대한 심판을 뜻하심이다.

그러나 한편 "한 해만 더 참으소서, 두루 파서 거름을 주어 열매를 맺도록 해 보겠습니다"(눅 13:8-9)라는 과원지기의 간청으로 심판을 유보하시는 것이 하나님의 사랑이 아니겠는가.

우리 주님께서는 사데교회에 소수의 신자들 때문에 심판을 유보하시며, 소생의 기회를 주심이다. 예레미야 시대에 하나님이 찾으시는 '의인 한 사람'(렘 5:1)이 필요했었다. 한 사람의 의인이 예루살렘성을 구원할 수 있는 것이었다. 그러나 예레미야 시대에는 그 성에는 의인 한 사람이 없었다.

그 결과 예루살렘이 바벨론에 의해 멸망당하고 말았다.

그러나 사데교회에는 하나님이 인정하시는 신자들 소수가 있었다. 이 소수가 그나마 무너지는 사데교회를 지탱하고 있는것이다. 어느 시대에나 죽은 다수가 역사를 창조하는 것이 아니라, 생명이 있는 창조적 소수가 새 역사를 창조하는 것이다.

(3) "회개하라" (메타노에-손, μετανοησον; 메타노에오-, μετανοεω, 회개하다의 명령형)

> 그러므로 네가 어떻게 받았으며 어떻게 들었는지 생각하고 지켜 회개하라, 만일 일깨지 아니하면 내가 도둑같이 이르리니 어느 때에 네게 이를는지 네가 알지 못하리라(μνημόνευε οὖν πῶς εἴληφας καὶ ἤκουσας καὶ τήρει, καὶ μετανόησον· ἐὰν οὖν μὴ γρηγορήσῃς, ἥξω ὡς κλέπτης, καὶ οὐ μὴ γνῷς ποίαν ὥραν ἥξω ἐπὶ σέ, 계 3:3).

죄악들을 자인하고, 성령이 깨닫게 하시는 대로 모든 죄악들을 고백하는것이다. 영성이 죽은 자가 다시 살아나는 방법은 회개함에 있다. 만일 회개하지 아니하면 주님께서 심판주로서 도둑같이 임하실 것을 경고하고 계시다. 이것은 주님의 무서운 최후의 경고이다.

회개의 가장 중요한 자세는 주님의 말씀 앞에 겸손히 엎드려, 성령이 지적하시는 대로 회개하는 것이다. 이것이 유일한 구원의 길이다. 회개만 한다면 하나님은 무한히 긍휼이 크시기 때문에 우리를 용서해 주신다. 이것이 하나님의 사랑이다. 이것이 하나님의 성품의 본질이다.

"일깨우라," "남은 바 죽게 된 것을 굳게 하라," "회개하라"는 권면은 바로 사데교회를 향하신 주님의 사랑 표현이다. 그만큼 관심이 크시기 때문에 엄위하지만, 사랑의 권면을 하시는 것이다. 그 사랑은 뜨겁게 불타는 불길인데 만일 회개하지 않고 끝까지 고집한다면 그 뜨거운 불길이 분노의 불길로 변하여 임하게 될 것이다. 왜냐하면 하나님은 "질투하는 하나님"(출 20:5)이시기 때문이다.

3) 칭찬

그러나 사데에 그 옷을 더럽히지 아니한 자 몇 명이 네게 있어 흰 옷을 입고 나와 함께 다니리니 그들은 합당한 자인 연고라(αλλα εχεις ολιγα ονοματα εν Σαρδεσιν ἀ ουκ εμολυναν τα ἰματια αυτων, και περιπατησουσιν μετ' εμου εν λευκοις, ὁτι αξιοι εισιν, 계 3:4).

- '알라'(αλλα): 그러나, 앞 문장과는 반대되는 강한 의미.
- '오리가 오노마타'(ολιγα ονοματα): 극소수의 이름들(a few names).
- '하 우크 에모뤼난 타 히미티아 아우톤-'(ἀ ουκ εμολυναν τα ἰματια αυτων): 자기들의 옷을 더럽히지 아니한 자.
- '페리파테-수-신'(περιπατησουσιν): '페리파테오'(περιπατεω, 다니다, 거닐다)의 미래중간태 3인칭 복수.
- '메타 에무-'(μετ' εμου): 나와 함께.
- '엔 류코이스'(εν λευκοις): 빛난, 흰 옷을 입고.
- '악시오이'(αξιοι): '악시오스'(αξιος, 가치 있는, 존경할 만한)의

복수 주격.

- '호티'(ὅτι): ~ 때문에.

사데교회 전체가 세상과 타협하여 죄악에 오염되고 타락했으나 그 중에서도 자신의 성결을 지키는 신자들 몇 명이 있는데, 주님의 마음에 합당한 자들이다.

주님이 보시기에 가치 있고, 존경할만한 사람들이기 때문에 주님의 마음에 합당하다고 인정하신 것이다. 다윗이 하나님의 마음에 합한 사람(행 13:22)으로 인정받았으므로 왕으로 기름 부음을 받아 귀하게 쓰임 받았고, 육적으로는 예수 그리스도의 조상이 되는 영광을 얻게 되었다.

하나님은 어느 시대, 어느 민족에게서나 하나님의 마음에 합당한 사람을 찾아 귀한 그릇으로 쓰신다. 사데교회에 하나님의 마음에 합당한 신자들 몇 명이 있었다는 것은 매우 귀한 일이다. 주님은 이것을 칭찬하고 계시다.

온 세상이 죄악으로 더러워지는 가운데서도 신앙의 순결을 지키고 하나님 앞에 의롭게 살아가는 신자들은 주님께서 마음에 합당한 자들로 인정하시고, 또한 그러한 신자들을 들어 하나님의 크신 일을 이루게 하신다.

주여, 우리들도 주님의 마음에 합당한 자들로 인정받을 수 있는 신자가 되게 하소서!

4) 약속

이기는 자는 이와 같이 흰 옷을 입을 것이요 내가 그 이름을 생명책에서 결코 지우지 아니하고 그 이름을 내 아버지 앞과 그의 천사들 앞에서 시인하리라(ὁ νικων ουτως περιβαλειται εν ἱματιοις λευκοις, και ου μη ἐξαλειψω το ονομα αυτου εκ της βιβλου της ζωης, και ὁμολογησω το ονομα αυτου ενωπιον του πατρος μου και ενωπιον των αγγελων αυτου, 계 3:5).

- '히마티오이스 류코이스'(ἱματιοις λευκοις): 빛이 발하는 흰 겉옷. "흰 옷."
- '호모로게-소-'(ὁμολογησω): 일치하게 말하다, 공개적으로 선언하다. "시인하리라."

예수 그리스도께서는 사데교회를 향하여 칭찬에 이어 세 가지 약속을 하신다. 이것들은 승리자에게만 주시는 축복 된 약속이다.

첫째, "이기는 자는 … 흰 옷을 입을 것이요."

'흰 옷'(히마티오이스 류코이스, ἱματιοις λευκοις)은 빛이 발하는 흰 겉옷을 말한다. 시편 104:2에 "주께서 옷을 입음같이 빛을 입으시며"라 하셨고, 높은 산에서 변형되신 예수님의 모습은 "그 얼굴이 해 같이 빛나며 옷이 빛과 같이 희어졌더라"(마 17:2)하여 광채가 나는 흰 옷임을 말하고 있다. 로마서 13:14에서는 "그리스도로 옷 입음"을 말하고 있다. "흰 두루마기"(계 6:11), "흰 옷"(계 7:9), "어린 양의 피에 그 옷을 씻어 희게 하였느니라(계 7:14)," "빛나고 깨끗한 세마포 옷"(계 19:8)이라고 표현하고 있다. 천사가 입은 옷도 흰 옷이다(요 20:12).

'흰 옷'은 하나님의 어린 양 예수 그리스도의 피로 죄 씻음을 받아 의롭다고 인정받고, 성결된 성도, 그리고 신앙의 순결성을 끝까지 지키는 신자에게 입혀 주시는 두루마기이다. 이와 같이 '흰 옷'은 구원, 성결, 승리, 그리고 하나님의 백성됨의 표시이다.

둘째, "내가 그 이름을 생명책에서 결코 지우지 아니하고."

"생명책에서"(에크 테-스 비브루- 테-스 조-에-스, εκ της βιβλου της ζωης). 생명책은 예수 그리스도를 믿고 그 피와 물과 성령으로 거듭나서, 하나님 앞에 '의롭다'고 인정받아, 구원 얻은 성도의 이름이 기록되는 책이며, 하나님의 어린 양이신 예수 그리스도의 심판의 '흰 보좌' 앞에 펴져 있는 생명책이다(계 20:11, 12).

사데교회의 승리자에게 약속하신 축복의 또 하나는 그 '생명책'에서 성도의 이름을 결코 지우지 않으시겠다는 것이다. 성도의 구원의 영원성, 확실성을 확증해 주시는 것이다.

셋째, "그 이름을 내 아버지 앞과 그의 천사들 앞에서 시인하리라."

'시인하리라'(호모로게-소-, ὁμολογησω): '호모로게오-'(ὁμολογεω, 일치하게 말하다, 공개적으로 선언하다, 시인하다)의 미래 1인칭 단수.

"생명책"에 기록된 성도의 이름을 하나님 앞과 수많은 천사들 앞에서 공개적으로 불러 시인하여 주시겠다는 축복 된 그리고 영광스러운 약속이다.

성령께서 사도 바울을 통하여 "… 다른 아무 피조물이라도 우리를 우리 주 그리스도 예수 안에 있는 하나님의 사랑에서 끊을 수 없으리라"(롬 8:35-39)고 말씀하신 것 같이 그 누가 또 무엇이 믿음의 승리자의 이름을 부인할 수 있으리요!

예수 그리스도께서 친히 우리의 변호자가 되시어서 하나님 앞과 천사들 앞에서 우리에게 대하여 다음과 같이 시인하여 주시겠다는 것이다.

① 이는 나의 피 값으로 속죄받은 사람입니다.
② 이는 하나님 아버지의 자녀입니다.
③ 이는 모든 고난 중에서도 믿음을 지켜온 신실한 신자입니다.
④ 이는 피 흘리기까지 인내한 충성스러운 신자입니다.

우리가 사람들 앞에서 그리스도를 시인하면, 그리스도께서는 하나님 앞과 천사들 앞에서 우리를 시인해 주시겠다는 뜻이다. 그러므로 우리는 현세에 있어서 어떤 경우에라도, 모든 사람들 앞에서 예수 그리스도를 시인하고, 참된 그리스도인임을 표명하면 그리스도께서 하나님 앞에서 우리를 시인, 인정해 주신다.

> 누구든지 사람 앞에서 나를 시인하면 나도 하늘에 계신 내 아버지 앞에서 그를 시인할 것이요, 누구든지 사람 앞에서 나를 부인하면 나도 하늘에 계신 내 아버지 앞에서 그를 부인하리라(마 10:32, 33).

성경 안에 있는 생명은 영원한 생명이다. 구원도 영원하다(히 5:9). 이것은 성경만이 가르치는 유일한 생명과 구원이다. 성경의 위대하고 분명한 말씀 위에 이루어지는 것을 인간의 경험에 토대하여 교리를 만들어서는 안 될 것이다. 하나님의 말씀은 우리 인생의, 그리고 모든 그리스도인들의 분명한 안내자가 된다.

사데교회를 향한 주님의 메시지는 다시 한번 더 "귀 있는 자는 성령이 교회들에게 하시는 말씀을 들을지어다"라는 말씀으로 끝을 맺고 있다.

제7장

빌라델비아교회에 보내는 예수 그리스도의 편지
(계 3:7-13)

예수 그리스도의
마지막 편지

1. 빌라델비아(필라델페이아, φιλαθελφεια)

　빌라델비아는 에베소에서 동북쪽으로 약 120km, 사데에서는 동남쪽으로 약 60km 지점 곧 트무르스(Tmolus)산 가까운 곳에 위치한 작은 도시였다. 교통의 요지로서 경제력이 부요한 상업도시였다.
　빌라델비아라는 명칭은 '필레오'(φιλεω, 내가 사랑한다)와 '아델포스'(αδελφος, 형제)가 복합하여 이루어진 말이다. 그래서 "형제 우애"라는 뜻이다. 이 명칭에 대한 유래는 두 가지 설이 있다, 하나는 BC 159-138년에 버가모의 왕이었던 아타루스 빌라델푸스로부터 유래되었다는 설이고, 다른 하나는 애굽인들의 전언에 의하면 소아시아에 소유지를 가지고 있었던 프톨레미 빌라델푸스의 이름에서 유래했다는 설이다.

　이 지역은 화산 폭발이 자주 일어나서 그 화산재가 오히려 그 지역의 땅을 비옥하게 만들어 포도 농사가 풍부하게 잘 되었다고 한다. 포도재배를 많이 했으므로 이 도시의 특징은 "술"(酒)이었다. 그래서 이 도시의 사람들은 주신(酒神)을 숭상했는데, 그 주신의 명칭은 희랍어로는 디오뉘시오스(Διονυσιος, 영어 Dionysus)이며, 로마인들은 박카스(Bacchus)라고 불렀다.

　이 도시 역시 17년의 대지진으로 파괴되었다가 티베리우스(Tiberius) 황제의 도움으로 재건되었다. 이곳은 가장 오래 존속되었으며, 현재도 같은 지역에 존속하고 있다. AD 14세기 말엽에 터키인들에게 항복한 최후의 비잔틴 도시가 되었으며, 현재까지도 기독교예배를 자유롭게 행할 수 있는 특권을 보유하고 있다. 예배시간을 알리는 종소리를 낼 수 있고, 공식적인 행렬도 허용이 된다. 이런 일은 터키인들이 소아세아에서 유일하게 이곳에서만 허용하는 일이다. 그곳 주민들 중에 삼분지 일이 그리스도인이다. 현재 이곳의 명칭은 터키어로는 "알라 쉘"(Alla shehr, 하나님의 도시)라고 하며, 또한 이것을 '아라 쉘'(Ala shehr, 긴 도시)로 번역되기도 한다. 이것은 요한계시록 3:12의 '하나님의 성'과 일치한다.

2. 빌라델비아교회

이렇게 아름다운 명칭을 가진 이 도시에 예수 그리스도의 복음이 전파되어 교회가 설립되었다. 빌라델비아교회는 교세가 크지는 못했으나 신앙적 내용이 충실한 교회였다. 당시 이 교회의 감독, 목회자가 누구였는지 알 수 없으나 예수 그리스도께서 칭찬하신 것을 보면 훌륭한 지도자에 의해 양육 받으며, 교육된 것임을 알 수 있다.

이 교회를 향한 주님의 편지를 보면 한 가지 특징이 있는데 서머나교회처럼 책망이 없다는 점이다.

이그나티우스(Ignatius)는 제2세기 초에 안디옥교회의 감독으로 있을 때 로마로 압송되어 순교했는데, 그가 로마로 압송되는 도중에 일곱 편의 편지를 썼다. 소아시아에 있는 다섯 교회와 로마교회 그리고 서머나교회와 그 감독이었던 폴리갑에게 편지를 썼다. 그중에 서머나에서 마그네시아(Magnesia), 트라레스(Tralles), 에베소(Ephesus), 그리고 로마로 보내는 편지를 썼으며, 트로아에서는 서머나교회에게, 감독 폴리갑에게, 그리고 빌라델비아교회에게 편지를 썼다. 주님을 위해 죽음을 앞두고 로마로 향해가는 이그나티우스의 서신을 받은 빌라델비아교회 성도들이 그 편지를 읽고 얼마나 위로와 격려가 되었을까 짐작이 된다.

이그나티우스는 교회 직분의 삼중적 방식에 대해 명백하게 설명한 최초의 학자이다. 곧 교회에는 한 명의 감독과 장로들과 집사들이 있어야 한다는 것이다. 그리고 그는 교회의 통일을 강조했다.

이그나티우스의 서신중에서 두 가지를 소개하려고 한다.

첫째, 서머나서신 8장이다.

악의 시작으로서의 분열을 피하라. 예수 그리스도께서 성부께 순종하셨듯이 감독에게 순종하라. 그리고 사도들과 같은 장로들에게 순종하고, 집사를 존경하고, 하나님의 율법을 중시하라. 아무도 감독의 허락 없이는 교회에 관한 어떤 일도 하지 말라. 합법적인 성찬식은 감독이나 그가 위임한 사람의 집례 하에 행해질 때뿐이다. 예수께서 어디에 계시든지 거기에 보편(catholic)의 교회가 있는것과 같이 감독이 있는 곳에 성도들이 있게 하라.

둘째, 로마서신 4장이다.

나는 모든 사람들이 내가 나의 자유의지에 따라 하나님을 위해 죽는다는 것을 알기를 바란다. 나는 하나님의 알곡으로, 맹수의 이빨에 찢기므로 하나님의 순수한 떡으로 발견되기를 소원한다. 맹수를 부추겨서 그것들이 나의 무덤이 되고, 나의 몸을 한 조각도 남김없이 삼킴으로 내가 잠들 때 아무에게도 짐이 되지 않기를 원한다. 세상이 나의 육신까지도 보지 못할 그때에 참으로 나는 예수 그리스도의 제자가 될 것이다.

3. 발신자

거룩하고 진실하사 다윗의 열쇠를 가지신 이 곧 열면 닫을 사람이 없고 닫으면 열 사람이 없는 그가 이르시되(Ταδε λεγει ὁ ἁγιος, ὁ αληθινος, ὁ εχων την κλειν Δαυιδ, ὁ ανοιγων και ουδεις κλεισει, και κλειων και ουδεις ανοιγει, 계 3:7).

- '타데'(Ταδε): ὁδε, ἡδε, τοδε(this, that he, she, it)의 복수 여격. "그들에게"라는 뜻이다. 즉 수신자가 복수라는 뜻.
- '호 하기오'(ὁ ἁγιος): 거룩하신 이.
- '호 아레-데이오스'(ὁ αληθειος): 진실(진리)이신 이.
- '호 에콘- 텐 크레인 다윗'(ὁ εχων την κλειν Δαυιδ): 다윗의 열쇠를 가지신 이.
- '호 아노이곤- 카이 우데이스 크레이세이, 카이 크레이온- 카이 우데이스 아노이게이'(ὁ ανοιγων και ουδεις κλεισει, και κλειων και ουδεις ανοιγει): 열면 닫을 사람이 없고, 닫으면 열 사람이 없는 이.

'타데 레게이'(Ταδε λεγει, 그분이 그들에게 말씀하신다). "거룩하고 진실하신 이"는 하나님의 아들, 예수 그리스도의 성품을 나타낸 말씀이며, 동시에 그의 신성(神性)을 나타낸 말씀이다.

"다윗의 열쇠를 가지신 이 곧 열면 닫을 사람이 없고, 닫으면 열 사람이 없는 이"는 이사야 22:22의 인용이다. 이러한 표현은 주님 자신의 언약을 반드시 지킬 의지를 나타내는 것이다.

사도 요한이 구약성경의 예언을 인용하여 이러한 표현을 한 것은 가까운 미래로는 엘리아김이 왕실을 관장할 권위의 계승을 예언한 말씀이지만, 먼 미래로는 다윗의 혈통에서 탄생하실 예수 그리스도의 왕권의 권위를 뜻하는 것이다.

다른 교회와는 달리 빌라델비아교회를 향하여 이러한 표현을 하신 것은 예수 그리스도를 거짓 메시아라고 조롱해왔던 빌라델비아에 있는 유대인들을 공박하기 위해서이다. 여기에 사용된 아레데이오스(αληθειος)는 "비실제적인 것, 불완전한 것"과 정반대되는 "진실한"이라는 뜻이다. 그리고 이러한 그리스도의 메시아적이며 종말론적인 구원과 심판의 권위를 나타내려는 것이다. 진실로 예수 그리스도는 하늘에 있는 다윗의 도성(都城)인 새 예루살렘의 문을 여닫을 권세가 있는 열쇠를 가지고 계시며, 자신의 뜻에 따라 받을 자를 받고, 거절할 자를 거절 할 수 있는 것이다. 요한계시록 1:18에 주님이 말씀하신 대로 "사망과 음부의 열쇠를 가지신 분"이시다. 또한, 베드로에게 "천국열쇠를 주셨던"(마 16:19) 그 권위를 가지신 분이시다.

열쇠(크레이스, κλεις)는 권위의 상징이다. 왕의 권위, 구원의 권위, 교회를 다스릴 권위, 역사의 흥망성쇠를 지배하는 권위를 의미한다.

주님은 문을 여신다. 구원의 문을 여시고, 교회의 문, 역사의 문, 천국의 문을 여신다. 주님은 교회들에게 기회의 문을 여시고, 주의 종들에게 복음을 말할 기회의 문을 여신다. 개인적으로는 예수를 영접하도록 마음의 문을 열게 하신다. 그리고 은혜의 문을 여신다. 이것은 민족적으로도 마찬가지이다.

주님은 문을 닫으신다. 주님은 이미 열었던 구원의 문, 교회의 문,

역사의 문, 복음의 문, 은혜의 문을 닫으신다. 노아의 홍수 때 인류에게 구원의 기회가 주어졌으나 불신앙인들에게는 하나님께서 친히 구원의 문을 닫으셨다(창 7:16). 또한, 미련한 다섯 처녀들에게는 문이 닫혔다(마 25:10).

주님의 손에 있는 열쇠는 문을 열기도 하고 닫아 잠그기도 하는 열쇠이다. 한 번 열면 주님 이외에는 아무도 닫을 수 없고, 한 번 닫으면 주님 이외에는 아무도 열 수 없다.

4. 수신자

이 편지의 수신자는 빌라델비아교회의 사자이다. 그리고 그 교회에 소속된 신자들 모두이다. 왜냐하면 사자, 감독, 목회자가 그 교회를 대표하기 때문이다. 목회자가 누구였는지는 알 수 없으나 이 서신을 통해서 보면 훌륭한 목회자였고, 능력 있게 잘 가르치고 양육한 지도자였음을 알 수 있다. 또한, 신자들도 영적으로 잘 육성된 매우 신실한 신앙인들이었음을 알 수 있다.

5. 편지의 내용

1) 칭찬

> 내가 네 행위를 아노니 네가 작은 능력을 가지고서도 내 말을 지키며 내 이름을 배반치 아니하였도다(Οιδα σου τα εργα- ιδου δεδωκα ενωπιον σου θυραν ηνεωγμενην, ἡν ουδεις δυναται κλεισαι αυτην - ότι μικραν εχεις δυναμιν, και ετηρησας μου τον λογον, και ουκ ηρνησω το ονομα μου, 계 3:8).

- '오이다'(Οιδα): 현재 상태에서 "내가 안다"라는 뜻.
- '수 타 엘가'(σου τα εργα): '너의 행위들을, 너의 일들을'(지금까지 행해 온)이란 뜻.
- '에-르네-소'(ηρνησω): '아르네오마이'(αρνεομαι, 내가 부정하다, 부인하다, 포기하다)의 제1부정과거 2인칭 단수.

예수 그리스도께서는 빌라델비아교회를 향해 세 가지 칭찬을 하고 계시다.

첫째, "내가 네 행위를 아노니"(Οιδα σου τα εργα).
주님께서 빌라델비아교회를 인정하신다는 의미이다. 주님께 인정받은 교회임을 칭찬하고 계시다. 주님에게서부터 큰 능력이나 큰 은혜를 받지 못하여서 교세가 약하고, 힘도 약했다. 작은 교회에 불과했으나 주님의 뜻에 합당하게 행동했다. 이것이 주님의 마음에 합하여 인정을 받게 된 것이다.

기독교 사업의 성공은 인간이 이룩한 건물의 크고 작음에 의해 결정되는 것이 아니다. 교인들의 수가 많고 적음에 의해서 결정되는 것도 아니다. 이런 방법은 인간적인 방법이다. 주님께서는 예수 그리스도에 대한 올바른 신앙과 하나님의 뜻에 합당한 성경의 해석과 성경의 진리와 진실되고 정의롭고 그리고 사랑이 있는 삶과 섬김을 보시고 판단하신다. 여기에서 빌라델비아교회는 인정받은 것이다.

사람들에게 인정받고 칭찬 듣는 것은 영혼을 어둡게 만들고, 교만하게 하며 결국에는 멸망으로 이끌게 한다. 궁극적으로는 주님의 심판대 앞에 섰을 때 어떠한 판단을 받느냐가 중요한 것이다. 칭찬이냐, 저주냐이다. 성도들이여, 주님 앞에 섰을 때 칭찬 듣는 신자가 되도록 힘쓰자.

둘째, 예수 그리스도의 말씀을 지켰다.

··· 네가 작은 능력을 가지고서도 내말을 지키며 ···(ότι μικλον εχεις δυναμιν, και ετηρησας μου τον λογον, 계 3:8).

빌라델비아교회에 주어진 능력은 작은 능력이었다. 능력은 주님이 주시는 은사이다. 영적 능력은 "하나님께 속한 것이다"(시 62:11). 그 하나님께 속한 능력이 그리스도에게 주어졌다. "하늘과 땅의 모든 권세를 내게 주셨으니"(마 28:18)라했으며, 주님은 아버지에게서 받은 이 권능을 제자들과 신자들에게 주셨다, "오직 성령이 너희에게 임하시면

너희가 권능을 받고"(행 1:8)라 하셨고, 사도 바울은 "내게 능력 주시는 자 안에서 내가 모든 것을 할 수 있느니라"(빌 4:13)고 했다.

달란트와 므나의 비유에서도 우리가 알 수 있듯이 많이 받은 자에게서는 많은 것을 바라시고, 적게 받은 자에게서는 적은 것을 바라시는 주님의 원리를 말씀하셨다. 예수님의 직제자들은 주님의 권능을 많이 받았고, 그것에 합당하게 순교하기까지 크게 승리했다.

그러나 빌라델비아교회는 주님에게서부터 작은 능력을 받았을 뿐이다. 그렇지만 주님의 마음을 충분히 크게 기쁘게 해드릴 만큼 많은 열매를 맺어드렸다.

그것이 바로 주님의 말씀을 지킨 일이다. 그들은 많은 어려운 환경 속에서도 예수 그리스도의 말씀을 지켰다. 지킨다는 것은 순종한다는 것이다. 순종은 하나님을 가장 기쁘시게 해드리는 유일한 방법이다. 여기에는 인간의 어떠한 수식이 개입해서는 절대로 안 된다.

성경 전체를 통해서 볼 때 하나님이 인생에게 요구하시고 또 축복하시는 조건은 하나님의 말씀을 지켜 순종하는 것이다.

> 네가 네 하나님 여호와의 말씀을 삼가 듣고 내가 오늘날 네게 명령하는 그의 모든 명령을 지켜 행하면 네 하나님 여호와께서 너를 세계 모든 민족 위에 뛰어나게 하실 것이라(신 28:1).

> 오직 강하고 극히 담대하여 나의 종 모세가 네게 명령한 그 율법을 다 지켜 행하고 우로나 좌로나 치우치지 말라 그리하면 어디로 가든지 형통하리니(수 1:7).

이와 같은 말씀들은 영적 축복, 정치적 축복, 경제적 축복, 평화적 축복, 건강, 자녀, 장수, 번영의 축복을 약속하신 것이다.

빌라델비아교회는 그리스도의 말씀을 지키는 교회였고, 진리를 사수하는 교회였다. 그래서 주님에게서부터 인정받는 교회가 되었다.

현대 세계는 하나님의 말씀을 지키는 것을 비웃는다. 어떤 학자들은 창세기를 과학에 포함시키고, 구원론을 인류학에 포함시키고, 성령의 삶을 심리학에 포함시키고, 하나님의 말씀 자체를 고등비평에 포함시켜야 한다고 주장하고 있다.

그렇지만 빌라델비아교회는 주님의 율법을 즐거워했고, 성경의 범위 안에서 생활하였다. 이러한 행위는 사람들에게는 비웃음과 미움의 대상이 되었으나, 하나님에게는 칭찬 듣는 일이었다.

셋째, 예수 그리스도의 이름을 배반하지 아니했다.

··· 내 이름을 배반치 아니하였도다(και ουκ ηρνησω το ονομα μου, 계 3:8).

예수 그리스도의 이름을 부정하지 아니했다는 점을 주님께서 칭찬하고 계시다. "누구든지 사람 앞에서 나를 시인하면 나도 하늘에 계신 내 아버지 앞에서 그를 시인할 것이요"(마 10:32)라고 하셨는데, 그 가르치심을 직접 받았던 제자 베드로는 예수를 모른다고 부인하고, 맹세하고, 저주하며 부인했었다(마 26:69-74). 죽음이라는 공포 앞에서 맥없이 무너져 버리는 인간 베드로의 나약한 모습이다. 그러나 오순절 성령강림의 체험이 있은 후로는 매우 담대한 베드로로 변하여 예수의 이름을 위하여 십자가에 거꾸로 달려 사형을 당하기까지 했었다.

빌라델비아교회가 예수 그리스도의 이름을 부정, 부인, 포기하지 않고 끝까지 시인한 것을 칭찬하고 계시다.

빌라델비아교회의 지도자와 성도들은 세상의 권력과 자기들을 질시하고 무시하는 유대인 집단들의 압력에도 굴하지 않고 예수 그리스도의 이름을 증거했다. 그들은 세상 권력과 모든 인간들 앞에서 예수의 이름을 시인하고, 예수가 하나님의 아들이심을 시인하고, 메시아 그리스도이심을 시인했다. 그러므로 주님께서도 그들의 믿음을 인정해 주시고, 칭찬해 주셨던 것이다.

한국 기독교회는 일본의 강점기에 있었던 천황숭배와 신사참배의 강요에 몇 소수의 목회자들과 지도자들을 제외하고는 1938년도에 총회적으로 가결하여 악의적 권력에 굴복하고 말았던 것이다. 이 행위는 예수 그리스도의 이름을 부인하는 불신앙적 행위였다. 우리 한국교회는 예수 그리스도의 이름을 부인했던 죄악을 공식적으로 전 교회적으로 참회해야 할 것이다.

우리 한국교회는 빌라델비아교회와 같이 주님에게서 칭찬을 들을 수 있겠는가?

참된 은혜는 무엇일까?

방언, 신유, 예언, 영을 분별, 거대한 건물, 천문학적 헌금, 등록 교인 수의 많음 등, 이런 것이 아니라, 비록 받은 능력은 적을지라도 하나님의 말씀을 지키고, 순교하기까지 그리스도의 이름을 존귀하게 여기는 것이 아니겠는가!

2) 권면

내가 속히 오리니 네가 가진 것을 굳게 잡아 아무도 네 면류관을 빼앗지 못하게 하라(ερχομαι ταχυ. κρατει ὁ εχεις, ἱνα μηδεις λαβη τον στεφανον σου, 계 3:11).

- '크라테이'(κρατει): '크라테오'(κρατεω, 강해지다, 누구보다 우세해지다, 강하게 붙잡다)의 현재미완료 능동태 2인칭 단수).
- '히나 메데이스'(ἱνα μηδεις): 아무도 … 하지 않는다, 아무도 못 한다.
- '라베-'(λαβη): '람바노'(λαμβανω, 내가 취하다)의 제2부정과거 가정법 능동태 3인칭 단수).
- '스테파노스'(στεφανος): 왕관, 면류관, 경기에서 승리하여 얻은 명예로움과 영광.

주님께서는 빌라델비아교회를 향해 두 가지 권면을 하고 계시다.

(1) "네가 가진 것을 굳게 잡아"(크라테이 호 에케이스, κρατει ὁ εχεις)

빌라델비아교회가 현재 가지고 있는것이란 무엇일까?

그것은 주 예수 그리스도의 말씀과 그 이름을 사랑하는 것이다. "말씀"을 지키는 것은 "진리"를 지키는 것이고, 생명인 믿음을 지키는 것이다. 그리고 예수 그리스도의 이름을 사랑하는 것은 그리스도의 거룩한 이름을 배반하지 아니함을 뜻함이다.

이렇게 권면하시는 이유는 빌라델비아교회에는 완고한 유대교 사상 때문에 복음의 핵심적 진리가 위협을 받고 있었기 때문이다.

세상의 유혹과 핍박에 의해 진리를 저버리는 자, 생명의 위협과 세상적 쾌락 때문에 예수 그리스도의 이름을 부인하는 자가 어느 시대에나 많이 있었다. 그러한 상황 중에서도 빌라델비아교회 신자들로 하여금 확고부동히 지킬 것을 권면하고 계시다.

사울왕은 여호와 하나님이 주신 최초의 왕위를 굳게 잡지 못했고 지키지 못한 결과 그 왕위가 소년 다윗에게로 옮아갔다. 셉나는 이스라엘의 국고를 맡은 장관이었으나 하나님 앞에 바르게 행하지 못했기 때문에 엘리아김이 그 직분을 대신하게 되었다(사 22:15-21).

예수 그리스도를 믿는 신앙은 하나님이 인간에게 주시는 은혜 중에서 최고 귀한 은혜이다. 왜냐하면 믿음으로 구원을 얻으며, 영생을 얻기 때문이다. 우리는 '믿음'이라는 은혜가 얼마나 소중하고 귀중한 것임을 다시 한번 깨닫고 사수해야 할 것이다. 그리고 '복음,' '말씀'의 귀중성을 알아 끝까지 지켜 나가야 할 것이다.

지금까지 복음의 진수를 왜곡하는 일이 얼마나 많이 있었는가?

성경이 하나님의 말씀이 아니라고 부정하고, 하나님의 존재를 부정하거나, 예수가 하나님의 아들 그리스도이심을 부정하고, 동정녀 탄생과 대속의 죽으심과 부활과 승천 그리고 재림을 부정하고, 천국과 지옥을 부정하는 적대적 세력이 얼마나 많이 있어왔는가.

그럼에도 불구하고 오늘날까지 주님의 교회는 이 진리를 지켜왔다.

(2) "아무도 네 면류관을 빼앗지 못하게 하라"(히나 메-데이스 라베- 톤 스테파논 수-, ινα μηδεις λαβη τον στεφανον σου)

지금까지 지켜온 말씀과 진리에 대한 믿음 그리고 예수 그리스도의 이름을 존귀히 여기며, 지금까지 모든 어려움을 이기고 인내해 옴으로 주님에게서 "잘하였도다, 착하고 충성된 종"이라고 인정받아 승리의 영예로운 면류관을 얻게 된 그 영광을 어느 누구에게나, 어떤 무엇에 의해서도 빼앗기거나, 잃어버리지 말라고 권면하고 주의를 상기시키고 계시는 것이다.

장자 이삭은 장자권을 소홀히 여기다가 그 소중한 명예로움과 특권을 빼앗기고 말았다, 그러나 장자권을 소중히 여긴 야곱은 그 영광의 면류관을 얻었다.

영원하고 신령한 축복을 일시적 만족과 쾌락과 맞바꿔버린 그 결과에서가 얼마나 후회했던가!

쏟아버린 물을 다시 담을 수는 없었다.

3) 약속

예수 그리스도께서는 빌라델비아교회를 향하여 책망 대신에 세 가지 약속을 하신다.

(1) 유대인들을 이기게 하심

보라 사탄의 회당 곧 자칭 유대인이라 하나 그렇지 아니하고 거짓말하는 자들 중에서 몇을 네게 주어 그들로 와서 네 발 앞에 절하게 하고 내가 너를 사랑하는 줄을 알게 하리라(ιδου διδω εκ της συναγωγης του Σατανα, των λεγοντων ἐαυτους Ιουδαιους ειναι, και ουκ εισιν αλλα ψευδονται. ιδου ποιησω αυτους ινα ἡξουσιν και προσκυνησουσιν ενωπιον των ποδων σου, και γνωσιν ὁτι εγω ηγαπησα σε, 계 3:9).

"사탄의 회당 곧 자칭 유대인": 70년 예루살렘의 멸망 이후 많은 유대인들이 전 세계로 흩어졌는데 빌라델비아에도 많은 유대인들이 이주하므로 유대인의 수가 갑자기 많아졌다. 유대교의 율법주의에 철저한 그들의 입장에서는 그리스도인들이 증오의 대상이었다. 모세의 율법을 준수하지 않고, 하나님을 모독하므로 십자가에 처형된 예수는 메시아가 아니라 목수의 아들로 태어나 백성을 미혹하는 이단아라 하여 그를 믿는 그리스도인들을 괴롭혀왔던 것이다.

그 갖은 고통을 이기고 인내해 온 빌라델비아교회 신자들에게 큰 위로의 약속을 해 주셨다. 즉 일부 유대인들로 하여금 빌라델비아교회 앞에 굴복하고, 여호와 하나님께서 빌라델비아교회를 사랑하고 계시다는 사실을 깨달아 알게 하시리라는 것이다.

왜냐하면 참 이스라엘은 그리스도인들이기 때문이다, 그들이 영적으로는 아브라함의 자손이 되기 때문이다(갈 3:7). 사도 요한은 서머나교회에서와 같이 빌라델비아교회에서도 "유대인들이 와서 엎드려 절하리라"(RSV), "그리스도인들에게 절하리라"(KJV), 그리고 더 강력하게 "존경하며 절하리라"(Moffatt)고 말하고 있다.

구약성경에서 이사야는 "너를 괴롭히던 자의 자손이 몸을 굽혀 네게 나아오며 너를 멸시하던 모든 자가 네 발아래에 엎드려 너를 일컬어 여호와의 성읍이라, 이스라엘의 거룩한 이의 시온이라 하리라"(사 60:14)라고 예언한 바 있다. 메시아 시대에 유대인들이 그리스도인들을 존경하게 되는 것은 바로 그리스도께서 자신의 사람들을 사랑하신다는 표시가 되는 것이다.

(2) 시험의 때를 면하게 하리라

네가 나의 인내의 말씀을 지켰은 즉 내가 또한 너를 지켜 시험의 때를 면하게 하리니 이는 장차 온 세상에 임하여 땅에 거하는 자들을 시험할 때라(ότι ετηρησας τον λογον της ὑπομονης μου, καγω σε τηρησω εκ της ὠρας του πειρασμου της μελλουσης ερχεσθαι επι της οικουμενης ὁλης πειρασαι τους κατοικουντας επι της γης, 계 3:10).

'테-스 호-라스 투- 페이라스무-'(Της ὠρας του πειρασμου): "시험의 때"는 그리스도께서 재림하시기 직전에 전 세계에 임할 대환난의 때를 의미한다. 신자와 불신자 모두에게 환난이 임하여 개개인의 믿음을 시험하실 것이다. 이때에 주님께서는 주님의 말씀을 사수한 빌라델비아 교회와 신자들 그리고 그들처럼 핍박 중에서도 복음의 진리를 사수해 오는 모든 그리스도인을 그 어려운 환난을 면하도록 보호해 주실 것을 약속해 주셨다.

그 시험의 때가 그리스도 재림의 직전이라는 근거는 3:11, "내가 속히 오리니"라는 말씀에 있다. 왜냐하면 "시험의 때를 면하게 하리라"고 말씀하신 다음에 즉시 이어서 "내가 속히 오리라"고 하셨기 때문이다.

이 시험의 때에 알곡과 쭉정이, 곡식과 가라지가 구별될 것이며, 양과 염소가 분명하게 구별될 것이다. 쭉정이와 가라지와 염소들은 대환난속에서 고통을 당하지만, 하나님의 말씀을 믿고 인내하며 지켜온 성도들에게는 주님의 절대적인 보호 아래 있게 되어 안전하게 될 것이다. 홍수 심판 때에 노아와 그 가족들만 구별되어 방주 안에서 안전하게 보호받고 구원받은 것같이 말이다.

70년에 로마 디도(Titus) 장군이 군대를 이끌고 예루살렘을 침략하기 위해 포위했다. 4월-8월 28일까지 5개월간을 포위했다. 전국에서 피난 온 사람들로 포화상태였다. 얼마 못되어서 식량이 모자라 아사자가 속출했고, 마실 물도 없었다. 드디어 로마군대가 침공하여 700만 명이 불에 타 죽고, 116,000명이 십자가에 처형되었고, 어린이와 부녀자들, 모두가 학살을 당했다. 그리고 예루살렘이 완전히 멸망하고 말았다.

이러한 대환난 중에서도 예수 그리스도를 믿는 신자들은 그 전날 밤에 하나님의 계시에 의해 어린이까지 모두 성 밖으로 탈출하여 페트라 동굴로 피신하여 안전하게 보호를 받았다. 그 인원수가 267,000명이다. 이 동굴은 1812년에 탐험가 존 루이스가 발견했다.

(3) 하나님 성전에 기둥이 되게 하리라

이기는 자는 내 하나님 성전에 기둥이 되게 하리니 그가 결코 다시 나가지 아니하리라 내가 하나님의 이름과 하나님의 성 곧 하늘에서 내 하나님으로부터 내려오는 새 예루살렘의 이름과 나의 새 이름을 그이 위에 기록하리라(ὁ νικῶν ποιήσω αὐτὸν στῦλον ἐν τῷ ναῷ τοῦ θεοῦ μου, καὶ ἔξω οὐ μὴ ἐξέλθῃ ἔτι, καὶ γράψω ἐπ᾽ αὐτὸν τὸ ὄνομα τοῦ θεοῦ μου καὶ τὸ ὄνομα τῆς πόλεως τοῦ θεοῦ μου, τῆς καινῆς Ἰερουσαλήμ, ἡ καταβαίνουσα ἐκ τοῦ οὐρανοῦ ἀπὸ τοῦ θεοῦ μου, καὶ τὸ ὄνομά μου τὸ καινόν, 계 3:12).

- '이기는 자'(호니콘, ὁ νικων): 승리자, 정복자라는 의미. 빌라델비아교회에는 외부적으로 오는 정치적 박해와 유대인들의 율법주의에 의한 질시 그리고 갖은 유혹들을 믿음과 인내로 승리하고 영적으로 그들을 정복해버린 자를 뜻한다. 이들은 끝까지 하나님의 말씀 진리를 사수한 자들이다.
- '포이에-소'(ποιησω): '포이에오'(ποιεω, 내가 만들다, 하게 하다, 세우다, 이룩하다)의 미래형 1인칭 단수.
- '나오'(ναω): '나오스'(ναος, 하나님이 거하시는 곳, 성전, 성소)의 단수 여격.
- '스튀-론'(στυλον): '스튀로스'(στυλος, 기둥, 원주)의 단수 목적격.

로마와 희랍의 옛 고적지를 찾아가 보면 큰 건물의 폐허가 된 터에 기둥들이 우뚝 서 있는 것을 보게 된다. 세상의 건물들은 세월이 지나면 여러 가지 이유로 무너지고 폐허가 된다. 그러나 하나님이 거하시는 영적 성전은 영원히 불변하다. 이 성소 안에 기둥이 되게 하시겠다는 약속이다. 그리고 이 기둥은 더 이상 밖으로 나갈 필요가 없는 것이다.

열왕기상 7:15-22을 보면, 솔로몬 왕이 훌륭한 장인으로 하여금 두

개의 기둥을 만들게 하였다.

> 이 두 기둥을 전의 낭실 앞에 세우되 우편의 기둥을 세우고 그 이름을 야긴 이라 하고, 좌편의 기둥을 세우고 그 이름을 보아스라 하였다 (왕상 7:21).

'야긴'이란 뜻은 '그분이 세우신다'(그가 영원히 계속하여 세우신다)는 뜻이고, '보아스'는 '그에게 능력이 있다'라는 뜻이다. 곧 하나님이 영원히 세우신 능력과 권세의 기둥이라는 뜻이다.

이것은 빌라델비아교회의 승리자에게 주시는 적합한 상급이다. 그 교회는 적은 능력을 갖추고도 끝까지 주님의 말씀을 지키고 그 이름을 부끄러워하지 않고 지켰기 때문에 승리자로 인정받고 이 귀한 상급이 주어짐이 약속된 것이다. 그러므로 다시는 결코 하나님 앞에서 떠나지 않게 되는 것이다.

> 내가 하나님의 이름과 하나님의 성 곧 하늘에서 내 하나님으로부터 내려오는 새 예루살렘의 이름과 나의 새 이름을 그이 위에 기록하리라(계 3:12).

'이름'(오노마, ονομα)을 기록한다는 것은 소유를 나타내는 것이다. 빌라델비아교회와 승리자들에게 하나님의 이름과 새 예루살렘의 이름과 예수 그리스도의 새 이름이 기록되어 하나님과 그리스도의 소유임을 확증하실 것이다. 그 소유권이 영원불변함을 나타내는 뜻이며,

새 예루살렘의 시민임을 증명하는 것이다.

예수 그리스도의 새 이름이란 무엇인가?

그것은 "그 옷과 그 다리에 이름을 쓴 것이 있으니 만왕의 왕이요 만주의 주라 하였더라"(계 19:16)라는 말씀 그대로 "만왕의 왕, 만주의 주"(바시류스 바시레온- 카이 퀴리오스 퀴리온, ζασιλευς βασιλεων και Κυριος κυριων)이시다. 그리고 그때 승리한 성도들은 만왕의 왕이시며 만주의 주가 되시는 그리스도와 함께 영원히 다스리게 될 것이다(계 22:5). 그러므로 바로 여기에 환난과 핍박을 당한 성도들이 말씀을 지키고 그리스도의 이름을 지켜온 믿음과 인내의 가치가 드러나게 되는 것이다.

오! 영광스럽도다, 빌라델비아교회와 성도들이여!

현실적으로 그리스도인들이 세상 사람들에게 무시와 핍박을 당한다.

신앙인들이 비신앙인들에게 멸시를 당한다. 성령의 사람이 비성령의 사람들에게와 육에 속한 사람들에게 무시와 조롱과 박해를 당한다. 그럴지라도 그리스도인들은, 성령의 사람들은 하나님께 속한 백성으로서 그리고 새 예루살렘의 시민으로서, 그리고 예수 그리스도의 사람, 신국(神國)의 시민으로서 큰 희망을 품고 살아가고 있는 것이다.

인류는 지금까지 문화와 문명의 자취를 남겨왔다. 그러나 그것 모두 폐허가 되었고 앞으로도 폐허가 될 것이다. 그러나 참 신자들의 믿음은 하나님 성전 안에 기둥으로 영원히 기념될 것이다. 하나님의 이름, 예수 그리스도의 새 이름, 새 예루살렘의 이름이 새겨져 있는 기둥으로 우뚝 서게 될 것이다.

빌라델비아교회를 향한 주님의 편지 역시 "귀 있는 자는 성령이 교회들에게 하시는 말씀을 들을지어다"로 끝을 맺고 있다.

제8장

라오디게아교회에 보내는 예수 그리스도의 편지
(계 3:14-22)

예수 그리스도의
마지막 편지

1. 라오디게아(라오디케이아, Λαοδικεια)

라오디게아는 에베소에서 동쪽으로 약 180km, 빌라델비아에서는 동남쪽으로 약 70km 지점에 7개의 언덕 위에 있는 도시이다. 이 도시는 BC 3세기에 시리아 왕 안티오코스 2세(BC 261-247)가 건설한 도시이다.

상업의 중심지요, 모직물제조와 은행업무가 성하여 매우 부요한 도시였다. 60년에 대지진으로 이 도시가 크게 파괴되었을 때 로마 황제가 국고금에서 이 도시 재건의 비용을 보조하려고 했으나 그 보조를 거절하리만큼 이 도시는 경제력이 풍부한 도시였다.

이 도시의 특징은 세 개의 대리석 극장이 있었다는 점이다. 그리고 종교적으로는 약의 신(藥神)인 아스크레비우스를 숭배하는 중심지요, 약학교가 있어서 의약기술이 발달되어 있었으며, 지방재판소가 있었다. 그리고 유대인들이 많이 거주했다.

2. 라오디게아교회

라오디게아 도시에 주님께서는 전도자들을 보내어 복음을 전하게 하시고 교회를 설립하게 하셨다. 사도 바울이 활동하던 시기에는 이미 라오디게아교회는 설립되어 있었다. 골로새서 2:1에 근거해 보면 사도 바울은 골로새교회를 향해 보내는 서신에서 아직 가보지 못한 골로새교회와 라오디게아교회에 대해 깊은 관심을 두고 있음을 말하고 있다.

> 내가 너희(골로새)와 라오디게아에 있는 자들과 무릇 내 육신의 얼굴을 보지 못한 자들을 위하여 얼마나 힘쓰는지를 너희가 알기를 원하노라(골 2:1).

그리고 골로새서 4:15, 16을 보면 골로새교회와 라오디게아교회에 각각 서신을 보내고, 그 서신들을 서로 교환해 보라고 한 것을 보면 바울이 라오디게아교회를 위해 매우 힘쓰고 노력했던 것을 알 수 있다. 이것은 바울이 라오디게아교회 성도들을 만났던 경험은 없으나 이미 영적으로 상호 교통하고 있었음을 말해 주고 있다. 당시 라오디게아교회의 감독, 목회자가 누구였는지 알 수 없으나 바울이 서신이나, 구전을 통하여 간접적인 목회를 했었음을 짐작이 된다.

경제적으로 부유한 신자들로 이루어진 교회였으므로 신자들 개인뿐만 아니라, 교회 자체가 재정 능력이 풍부했다. 4세기에 그리스도 교회의 종교회의를 유치할 만큼 능력이 있는 교회였다. 그러나 얼마 못 가서 라오디게아 성이 멸망했고 지금은 그 유적만 남아 있을 뿐이다.

3. 발신자

> 아멘이시요 충성되고 참된 증인이시요 하나님의 창조의 근본이신 이가 이르시되(Τάδε λέγει ὁ Ἀμήν, ὁ μάρτυς ὁ πιστὸς καὶ ἀληθινός, ἡ ἀρχὴ τῆς κτίσεως τοῦ θεοῦ, 계 3:14).

이 편지의 특징은 칭찬이 없고, 책망만 있다는 점이고, 소아시아 일곱 교회 중에서 가장 마지막 교회요 가장 잘못된 교회였다는 점이라 할 수 있다. 믿음이 타락한 라오디게아교회를 향해 심판을 내리셔야 하는 주님께서 슬퍼하시면서 이 편지를 보내고 있다. 발신자이신 그리스도 자신을 가리켜 다음과 같이 소개하고 있다.

- "아멘이시요"(호 아멘-, ὁ αμην): '아멘이신 분'이라는 뜻. 히브리어로 אמן(아멘), 헬라어로 αμην은 '진실로'라는 뜻. 정관사 '호'(ὁ)가 있어서 '진실하신 이(남자)'라는 뜻이다.

- '피스토스'(πιστος): 신실한, 참된, 믿을 만한, 확실한, 충성스러운.
- '아레-디노스'(αληθινος): 진정한, 거짓이 없는, 진실한, 참된.
- '증인'(호 말튀스, ὁ μαρτυς): 증인.
- '헤-알케-'(ἡ αρχη): 시작, 태초(창 1:1[칠십인역]; 요 1:1), 극(極), 원리, 근본.
- 크티세오-스(κτισεως): 크티시스(κτισις) 창조, 물질적 우주의 단수 소유격.

예수 그리스도는 유일하고 진실하신 하나님이시다. 그의 모든 목적과 약속은 확실하며, 영원히 변함이 없으시다.

이사야 65:16에서는 "아멘의 하나님" 곧 "진리의 하나님"이라고 두 번이나 말씀 되어 있는데, '아멘'을 '진리'로 번역하고 있다.

예수 그리스도를 가리켜 '아멘이신 이'라 함은 하나님이신 그가 '진리'이심을 말하는 것이다. 그래서 예수께서는 친히 "내가 곧 길이요 진리요, 생명이니"라고 말씀하셨다.

또한 예수 그리스도는 증인으로서 하나님의 뜻과 말씀을 그리고 하나님의 존재를 증거하시고, 예수 자신이 하나님의 아들이심을 증거하고, 인류구원의 목적을 성취하기 위해 몸소 십자가에 죽으시기 까지 증거하셨다. 그리고 구약과 신약의 모든 증인들 보다 더 충성스럽고 참되신 증인이시다. 모세는 충성하되 사환으로서 충성하였고, 주님은 집을 맡은 하나님의 아들로서 충성하셨다(히 3:5, 6).

그리고 예수 그리스도는 하나님 앞에 구원받은 성도들을 위해 변호하는 대변자로 나타나 주시고, 그리스도 자신의 피로 속죄한 사람이라고 증거하는 증인으로 나타나 주시는 것이다.

또한, 이것은 예수 그리스도에게서 증인의 사명을 받은 모든 증인이 예수님처럼 충성 되고 참되라는 뜻이다. 왜냐하면 세상에는 거짓증인들이 많이 일어나 복음의 진수를 외곡하기 때문이다.

오늘날 모든 설교자와 전도자들이 얼마나 충성스럽고 참되게 복음을 전하고 있는가?

혹시 하나님의 생명 말씀을 인간 자신의 탐욕을 위한 도구로 쓰고 있지는 않은가?

혹은 하나님의 진리 말씀을 이성(理性)이라는 도마 위에 놓고 과학이라는 칼로 사정없이 난도질하고 있지는 않은가?

혹시 있다면 그런 사람은 충성스럽거나 참된 증인이 아니다.

이와함께, 예수 그리스도는 하나님의 창조 시작이 되시고, 우주의 시작과 원리가 되시고, 근본이 되시는 분이시다.

> 그는 보이지 아니하는 하나님의 형상이요 모든 피조물보다 먼저 나신 이시니 만물이 그에게서 창조되되 하늘과 땅에서 보이는 것들과 보이지 않는 것들과 혹은 왕권들이나 주권들이나 통치자들이나 권세들이나 만물이 다 그로 말미암고 그를 위하여 창조되었고 또한 그가 만물보다 먼저 계시고 만물이 그 안에 함께 섰느니라(골 1:15-17).

예수 그리스도는 하나님과 동일본질(同一本質, 호모우-시오스, ὁμοουσιος, consubstantiality)이시요, 하나님과 한 분이시요, 창조주가 되신다. 아리우스(Arius)가 주장하는 것 같이 피조물이 아니라 창조주이시다. 그리고 만물의 원리가 되시고, 만물을 통치하시고, 세상의 모든 권세가 그의 손 안에서 좌우된다. 그러한 전능하신 창조주가 되시는 예수 그리스도께서 지금 라오디게아교회에 편지를 보내고 계신다(참고. 아리우스는 성자의 종속설을 주장하여, 예수 그리스도는 성부의 피조물이라고 했으며, 신성을 부정했다. 이단으로 정죄받았다, 현대의 여호와 증인은 이 아리우스사상의 승계자들이다).

4. 수신자

이 편지의 수신자는 라오디게아교회의 사자, 감독, 목사와 그 교회에 소속된 모든 신자다. 그리고 전 세대에, 전 세계에 산재해있는 모든 교회의 목회자들과 신자들에게 주시는 메시지다.

5. 편지의 내용

1) 책망

내가 네 행위를 아노니 네가 차지도 아니하고 뜨겁지도 아니하도다. 네가 차든지 뜨겁든지 하기를 원하노라, 네가 이같이 미지근하여 뜨겁지도 아니하고 차지도 아니하니 내 입에서 너를 토하여 버리리라 (Οιδα σου τα εργα, ότι ουτε ψυχρος ει ουτε ζεστος. οφελον ψυχρος ης η ζεστος. ούτως, ότι χλιαρος ει και ουτε ζεστος ουτε ψυχρος, μελλω σε εμεσαι εκ του στοματος μου, 계 3:15-16)

- '크리아노스'(χλιαρος): '열심이 없는,' '미지근한,' '미온적인,' '마지못해서 하는'이라는 뜻.
- '에이'(ει): '너는 … 이다, 있다'(you are)라는 뜻.
- '멜로-'(μελλω): 지금 … 을 막 하려고 하다.
- '에메사이'(εμεσαι): 토하다, 내뱉다.
- '에크 투- 스토마토스 무-'(εκ του στοματος μου): 나의 입 밖으로.

예수 그리스도께서 라오디게아교회를 향하여 보내시는 편지의 내용은 칭찬은 하나도 없고, 그 대신에 책망으로 가득 차 있다. 그러나 하나님의 책망은 책망으로 끝나는 것이 아니라, 그 책망의 이면에는 사랑이 있는 것이며, 책망은 사랑의 또 다른 표현이라는 것을 깨달아야 할 것이다. 부모가 자녀를 사랑하기 때문에 책망하듯이 예수 그리스도께서 아버지의 심정으로 자녀를 대함 같이 애타는 심정으로 책망하시는 것이다.

내가 네 행위를 아노니(오이다 수- 타 엘가, Οιδα σου τα εργα, 계 3:15).

여호와께서 그의 높은 성소에서 굽어보시며 하늘에서 땅을 살펴보셨으니(시 102:19).

하나님은 하늘 영광의 보좌에서 땅을 굽어 살펴보고 계시다. 우리의 일 거수 일투족을 주의 깊게 감찰하고 계신다. 그러므로 그 아무도 그분의 눈을 피할 수 없다. 시편 기자는 이렇게 고백하였다.

> 내가 하늘에 올라갈지라도 거기 계시며 스올에 내 자리를 펼지라도 거기 계시니이다(시 139:8).

그리고 바다 끝에도, 흑암 속에서도 계셔서 살피고 계심을 고백했다(시 139:9-12). 무소부재(無所不在)의 하나님, 전지(全知)하신 하나님이 인간의 마음과 행위를 불꽃 같은 눈으로 살피시고, 모두를 알고 계시다. 지금 라오디게아교회의 상황을 정확히 통찰하고 계시는 주님이시다.

노아 시대 인류의 죄악 된 상황을 알고 계시고, 소돔과 고모라의 죄악 된 상황을 알고 계시던 하나님께서 홍수와 불과 유황으로 심판하셨다. 그 하나님께서 지금 한국교회의 상황과 세계교회의 상황을 정확히 살피시고 알고 계신다.

특별히, 교회의 주인이신 예수 그리스도께서는 신자들의 하나님을 향한 신앙생활이 뜨거운 마음으로 열심히 하기를 원하신다.

그러나 라오디게아교회의 상황은 주님의 뜻과는 거리가 매우 멀었다. 처음에는 열심이 있었는지 알 수 없으나 현재 상황으로서는 매우 미온적인(크리아노스, χλιαρος) 신앙상태이다. 차지도 뜨겁지도 아니하여 미지근한 상태이다.

생선을 끓이다가 미지근한 상태에서 불을 꺼버리면 누가 그 비린내 나고 구역질 나는 것을 먹을 수 있겠는가?

입에 넣었다가도 토해 낼 것이다.

이 "미지근함"이 어디서 왔을까?

경제적 번영과 안일에서 비롯되었다고 볼 수 있다. 생활의 안전에서 오는 거짓된 감각의 산물인 것이다.

안일한 생활이 영적인 것에 대한 무관심을 일으켜 신령한 것이 인간의 무관심 속에 묻히고 말았다. 신자들의 마음이 영적인 것보다 물질적인 것에, 위에 있는 것보다 땅에 있는 것에, 눈에 보이지 않는 것보다 눈에 보이는 것에, 성령의 열매보다는 육체의 만족을 추구하는 데 집중하게 되어 하나님에 대해서는 무관심하게 되고 말았다. 그리고 점진적으로는 자만심이 커지고 나태와 무관심으로 말미암아 영적으로 둔하게 되고 무감각하게 되고 말았다.

> 내 입에서 너를 토하여 버리리라(멜로- 세 에메사이 에크 투- 스토마토스 무-, μελλω σε εμεσαι εκ του στοματος μου, 계 3:16).

주님께서는 라오디게아교회를 향해 극한적인 말씀을 하셨다. 비록 그 교회가 경제적으로 부유하여서 훌륭한 예술적 작품이 될 만한 건축물이 있고, 조직과 행정이 있고, 예배와 찬양, 기도와 헌금이 있고, 교인 수가 많다 할지라도 이미 주님에게서 인정받지 못한 교회가 되고 말았다. 믿음의 순수성과 생동적 생명력을 상실한 상태이다.

주님 자신의 십자가의 피를 대가로 지급하여 세우신 몸 된 교회를 주님 스스로가 입에서 토해 버리시겠다고 최후의 심판적 선언을 하셔야 하는 것은 몹시도 슬프고 안타까운 현상이다.

열왕기상 18:21에 "엘리야가 모든 백성에게 가까이 나아가 이르되 너희가 어느 때까지 두 사이에서 머뭇머뭇하려느냐, 여호와가 만일 하나님이면 그를 따르고 바알이 만일 하나님이면 그를 따를지니라. 하니 백성이 말 한마디도 대답지 아니하는지라"라고 말씀하신 것은 여호와 하나님과 바알신 둘 중 하나를 선택하라는 선언이다. 이것도 저것도 아닌 중간적 선택은 허용되지 아니했다. 차갑든지 아니면 뜨겁든지 하라는 것이다. 중간적 미지근한 것은 용납할 수 없으니 토해 버리시겠다는 것이다.

이것은 예수 그리스도에게서 버림을 당하는 일이며, 관계의 단절이요, 교통의 단절이요, 생명의 단절이요, 구원에서의 제외됨을 뜻함이다. 하나님에게서 버림을 당하는 것은 최대의 저주이다.

이것은 수치일 뿐만 아니라 사망에 이르게 되는 형벌로서 두렵고 온 몸에 심한 전율을 느끼게 되는 두려움이 아니겠는가!

여기에서 이 두려움을 느끼지 못하는 무감각이 더 큰 불행이다. 지금 막 입안에 있는 것을 입 밖으로 토해 버리려고 하신다는 것이다.

하나님이냐 우상이냐, 둘 중 하나를 선택하라는 것이다.

예수 그리스도냐 세상이냐, 그리스도냐 물질이냐, 그리스도냐 쾌락이냐, 그리스도냐 철학이냐, 신앙이냐 비신앙이냐, 둘 중 하나를 선택해야 하는 불가피적, 결정적 시간에 있는 것이다. 이 결정에 따라서 인생의 미래가 결정되는 것이다.

둘 사이에서 머뭇거리는 것을 용납지 않으신다. 여기 한 다리 저기 한 다리를 걸치는 것을 허락지 않으신다. 이런 것은 정함이 없는 마음이다. "이런 사람은 무엇이든지 주께 얻기를 생각지 말라 두 마음을 품어 모든 일에 정함이 없는 자로다"(약 1:7, 8)고 하셨다.

중세 기독교(로마 가톨릭교회)는 의식(儀式)과 조직(組織)만 살아 있고, 이성주의(理性主義)와 신비주의(神秘主義)가 신학과 교회를 지배하므로 "하나님의 말씀"이 매장되어 버린 시대였다. 그리고 종교개혁은 하나님의 뜻에 합당한 성업(聖業)이었으며, 그 일을 성취했지만 그 이후 서구 기독교는 선교라는 미명하에 세계를 침략, 정복의 야욕에 불타지 아니했던가.

하나님 신앙에 뜨거워야 할 기독교가 세속적 야욕에 뜨거워져 있었다. 이것은 예수 그리스도의 눈으로 보실 때 뜨거운 것이 아니라 구역질 나게 미지근한 것으로 토해 낼 지경이었다. 그렇지만 하나님께서는 이러한 부정(否定) 속에서 긍정(肯定)을 찾으셨다. 예를 들면, 1866년에 프랑스함대 제너럴 셔먼 호에 통역으로 편승하여 조선에 온 로버트 제르메인 토마스(Robert Jermain Thomas) 목사 한 사람의 선교적 열정에 의한 순교가 한국복음화의 씨앗이 되었던 것이다.

그리고 21세기 오늘의 세계 인류는 '예수 그리스도냐 유물론이냐, 그리스도냐 적그리스도냐, 예수 그리스도냐 사탄이냐?'라는 선택을 강요 당하고 있다. 이것이 오늘 우리의 영적 상황이다.

2) 권면

내가 너를 권하노니 내게서 불로 연단한 금을 사서 부요하게 하고, 흰 옷을 사서 입어 벌거벗은 수치를 보이지 않게 하고 안약을 사서 눈에 발라 보게 하라. 무릇 내가 사랑하는 자를 책망하여 징계하노니 그러므로 네가 열심을 내라 회개하라(συμβουλεύω σοι ἀγοράσαι παρ' ἐμοῦ χρυσίον πεπυρωμένον ἐκ πυρὸς ἵνα πλουτήσῃς, καὶ ἱμάτια λευκὰ ἵνα περιβάλῃ καὶ μὴ φανερωθῇ ἡ αἰσχύνη τῆς γυμνότητός σου, καὶ κολλούριον ἐγχρῖσαι τοὺς ὀφθαλμούς σου ἵνα βλέπῃς. ἐγὼ ὅσους ἐὰν φιλῶ ἐλέγχω καὶ παιδεύω· ζήλευε οὖν καὶ μετανόησον, 계 3:18-19).

18, 19절의 말씀은 주님께서 "토하여 버리시겠다"라고 하신 말씀의 이유와 17절에 밝힌 죄상(罪狀)이 영적 병임을 정확히 진단하신 말씀에 대한 치료의 방법을 구체적으로 말씀하신 것이다. 역시 이 말씀 속에서 예수 그리스도께서 라오디게아교회를 얼마나 사랑하고 계시는가를 증명해 주고 있음을 알 수 있다.

- '아고라사이'(αγορασαι): 사다, 함께 모으다.
- '팔 에무'(παρ' εμου): '파라'(παρα, 에서부터), '에무-'(εμου)는 '에고'(εγω, 나의)의 소유격.
- '크뤼시온 페퓌로-메논 에크 퓌로스'(χρυσιον πεπυρωμενον εκ πυρος): 불로 연단한 금을.
- '크뤼시온'(χρυσιον): 금.
- '페퓌로메논'(πεπυρωμενον): '퓌로오'(πυροω), 불 속에 넣어 지다는 완료 수동태 분사.
- '에크 퓌로스'(εκ πυρος): 불로.
- '프루테-세-스'(πλουτησης): '프루테오-'(πλουτεω, 부자가 되다)의 제1부정과거 가정법 2인칭 단수.

- '히마티아'(ιματια): 옷, 가운.
- '류카'(λευκα): 빛나는, 흰.
- '페리바레-'(περιβαλη): '페리발로'(περιβαλλω, 옷을 입다, 두루다)의 제2부정과거 가정법.
- '메- 화네로-데'(μη φανερωθη): 메(μη,아니).
- '화네로오'(φανεροω): '드러내다, 나타내다'의 제1부정과거 수동태 가정법. '드러내지 말라,' '보이지 않게 하라.'
- '아이스퀴네-'(αισχυνη): 부끄러움, 수치.
- '귐노테-토스'(γυμνοτητος): 벌거벗은.
- '콜루리온'(κολλουριον): 연고, 안약.
- '엥크리사이'(εγχρισαι): 기름을 바르다.
- '오프달무-스'(οφθαλμους): 오프달모스(οφθαλμος, 눈[eye])의 복수 목적격.
- '브레페-스'(βλεπης): '브레포'(βλεπω, 내가 보다)의 현재능동태 가정법 2인칭 단수.
- '에안'(εαν): 만약에.
- '티스'(τις): 누구든지.
- '아쿠-세'(ακουση): '아쿠-오'(ακουω, 내가 듣다, 듣는다)의 미래형 및 제1부정과거 가정법.
- '포네-스'(φωνης): '포네-'(φωνη, 소리, 음성)의 소유격.
- '아노익세'(ανοιξη): '아노이고'(ανοιγω, 내가 듣다)의 제1부정과거 가정법.
- '뒤란'(θυραν): '뒤라'(θυρα, 문)의 단수 목적격.

- '에이세류소마이'(εισελευσομαι): '에이셀코마이'(εισερχομαι, 내가 들어가다)의 미래형.
- '프로스 아우톤'(προς αυτον): 그에게로.
- '니콘'(νικων): '니카오'(νικαω, 내가 승리하다)의 현재분사 남성 단수 주격, '호 니콘'(ὁ νικων, 승리하는 자[남자]).
- '카디사이'(καθισαι): '카디조-'(καθιζω, 앉게 하다, 앉다)의 제1부정과거 부정사.
- '도-소'(δωσω): '디도-미'(διδωμι, 내가 주다)의 미래1인칭 단수.
- '메타 에무-'(μετ' εμου): 나와 함께.
- '엔 토 드로노- 무-'(εν τω θρονω μου): '나의 보좌에,' '나의 보좌 안에.'

(1) **"내게서 불로 연단한 금을 사서 부요하게 하고"**(αγορασαι παρ' εμου χρυσιον πεπυρωμενον εκ πυρος ἱνα πλουτησης)

"불로 연단한 금"이란 불 속에서 불순물을 완전히 제거한 순금을 말한다.

예수 그리스도에게서만 구할 수 있는 순금이란 '말씀과 믿음'이 아니겠는가?

지금까지 세상적인 것으로 많이 오염되어 있는 라오디게아교회 신자들의 믿음을 성령의 불 속으로 들어가 단련을 통해 모든 불순성을 완전히 제거하고 순수한 믿음을 주님에게서 새롭게 받도록 하라는 뜻이다. 왜냐하면 말씀을 믿을 수 있는 믿음은 선물이기 때문에 주님에게서만 얻을 수 있다. 이 믿음의 부자가 되라는 뜻이다.

성경에서는 금과 은을 하나님의 말씀에 비유한 경우가 많다.

하나님의 말씀은 금 곧 정금보다 더 사모할 것이라(시 19:10).

여호와의 말씀은 순결함이여 흙 도가니에 일곱 번 단련한 은 같도다 (시 12:6).

라오디게아교회는 물질적 부요를 최고의 축복으로 착각하고 영적 은혜를 등한시한 나머지 영적 교만에 빠지고 말았다. 그리고 영적 은혜에 빈곤한 상태로 추락하고 말았다. 영적 교만은 하나님의 진노로 심판을 받게 되는 큰 죄악이다. 그러나 그들은 많은 헌금을 교회에 드림으로 스스로 믿음이 큰 자라고 자부했다. 그러나 주님께서는 부자의 많은 헌금보다도 가난한 과부의 생활비 전부인 렙돈 두 잎을 더 귀한 헌금으로 인정하셨다(눅 21:2).

두 사람 중에 어느 사람이 신앙적으로 부요한 사람인가?

그러므로 "믿음을 보배로운 것이라"고 말씀하고 있다(벧후 1:1).

현대의 많은 교회가 물질만능주의에 오염되어 점점 깊이 배금사상에 빠져들고 있는 모습을 보게 된다. 그리고 오늘 교회의 강단에서는 설교는 풍부하나 성령의 생명력이 빈약하다.

라오디게아교회와 다를 바 무엇인가?

이스라엘민족이 금송아지를 만들어 섬기는 모습을 보고 모세가 "금신"(金神, 출 32:31)이라고 칭했다. 하나님께서는 "백성이 부패했다"(출 32:7)고 하셨고, 모세는 "큰 죄를 범하였다"(출 32:31)고 고백하고 있다. 그 결과 즉석에서 3,000명 정도가 죽임을 당했다(출 32:28).

예수 그리스도를 하나님으로 믿노라 하면서 실제적으로는 금(金)을 하나님처럼 섬기고 있는 현실적 상황을 무엇이라 말해야 하는가. 금(金)이 예수 그리스도와 교회(신자) 사이를 가로막아 버리므로 예수 그리스도가 보이지 않게 되는 영적 일식 현상(日蝕現像)이 발생하고 있다. 아마도 라오디게아교회는 개기일식(皆旣日蝕) 상태였으리라.

"금을 사서 부요하게 하라"는 말씀은 황금보다 귀한 하나님의 말씀으로 영적 가난한 병을 치료하고, 영적으로 부요하고 그 말씀을 믿는 믿음에 부요하라는 뜻이다. 라오디게아교회에는 풍부한 물질을 다스릴 수 있는 정신력 및 도덕력이 나약했다. 곧 물질을 다스릴만한 영적 능력이 빈약했다는 말이다. 그래서 결국은 물질의 주인이 아니라 물질의 노예가 되고 말았다.

물질에 부자가 되고 하나님의 말씀과 믿음에 가난한 자가 되어 주님의 입에서 토해 내침을 당하는 것보다, 비록 물질에는 가난할지라도 하나님의 말씀과 믿음에 부요하여 주님에게 인정받는 신자가 된다면 하나님이 기뻐하실 것이다. 그리고 여기에 행복의 느낌이 있다. 또한, 그것이 물질의 축복까지도 받게 되는 지름길이 된다.

오늘날 신학교와 교회에서 교인들이 성경을 많이 배우지만 참된 해석과 참된 설교가 빈곤한 상태에 있다. 많은 신학자와 목사들의 설교 내용이 정치학, 경제학, 문학, 사회봉사, 윤리학, 철학 그리고 자기 자랑 등으로 가득 차 있다. 이와 같이 라오디게아교회도 세상적인 설교로 살쪄 있으나 신자들의 영혼은 하나님의 말씀에는 기아 상태에 있었다.

오늘 우리에게는 하나님의 말씀에 대한 성경적인 올바른 해석과 올바른 지식으로 부요함이 필요하다. 우리에게는 성경을 하나님의 말씀으로 믿고 지키는 일에 부요한 교회가 되어야 할 필요가 있다.

(2) "흰 옷을 사서 입어 벌거벗은 수치를 보이지 않게 하고"(και ιματια λευκα ινα περιβαλη και μη φανερωθη η αισχυνη της γυμνοτητος σου)

예수 그리스도의 눈에 비췬 라오디게아교회의 모습은 벌거숭이의 수치스러운 모습이었다. 라오디게아 사람들은 검은 옷을 즐겨 입었다. 왜냐하면 라오디게아에는 염색된 검은 모직물로 유명했기 때문이다. 검은색은 무지와 죄의 흑암을 상징한다. 최고급 모직물로 된 검은 옷은 그들에게는 부와 사치의 상징이 되었기 때문에 자기 과시로 즐겨 입었다고 한다.

경제적으로 부요했던 라오디게아교회 교인들은 극치에 달하는 사치스러운 옷을 입고 다니며, 예배시간에도 화려한 장식을 꾸며 자랑했을 것이다. 예배당 건축물도 화려했을 것이며, 그들의 외모도 화려했을 것이다.

그러나 주님의 눈에는 벌거벗은 수치스러운 모습으로 보이셨다. 에덴 동산의 범죄한 아담과 하와는 자신들의 부끄러운 모습을 하나님 앞에 드러내고야 말았다. 암몬의 왕 하눈이 다윗 사신들의 옷을 중동 볼기까지 자르고 돌려보냈을 때 그들은 매우 부끄러워했다(삼하 10:4, 5).

앗수르왕에게 사로잡힌 애굽의 포로와 구스의 포로가 앗수르로 끌려갈 때 늙은 자나 젊은 자나 모두가 벌거벗은 몸과 맨발로 볼기까지 드러내어 끌려감으로 애굽의 수치를 드러냈다(사 20:4). "보라 내가 도적같이 오리니 누구든지 깨어 자기 옷을 지켜 벌거벗고 다니지 아니하며 자기의 부끄러움을 보이지 아니하는 자가 복이 있도다"(계 16:15)라는 말씀대로 벌거벗음은 수치요, 저주이다.

그렇지만 라오디게아교회는 자신들이 벌거벗은 상태에 있으면서도 그 사실을 인지하지 못하고 있었다. 오히려 더욱 자신들의 모습을 교만스럽게도 자랑하였다. 자아 통찰이 없는 인간과 교회의 모습이다. 이런 인간과 교회의 미래가 심히 염려스러우셔서 속히 옷을 입으라고 권고하시는 것이다.

"흰 옷을 사 입으라"는 권면의 말씀은 현재 입고 있는 사치스러운 검은 옷을 과감히 벗어 던져 버리고, 새 옷, 흰 옷을 입으라는 뜻이다.

아무 옷이나 입어서는 절대로 안 된다. 반듯이 주님이 지정하신 흰 옷이라야 한다. 아담이 만들어 입은 무화과 나뭇잎 옷은 곧 말라 시들고 말았고, 부끄러움이 바로 드러나고 말았다. 이것이 인류 최초의 인본주의적(人本主義的), 자연주의적(自然主義的), 자동구원론적(自動救援論的) 구원방법(救援方法)이었다.

인류는 오늘날까지 스스로 자아를 구원해 보려고 이런 구원방법을 추구해 왔다. 그러나 하나님의 옷은 달랐다, 하나님이 직접 만들어 입혀 주신 옷 곧 짐승(양)을 잡아 그 피를 흘려 얻으신 가죽으로 만든 옷이다(창 3:21). 그 옷이야말로 창세기 3:15에 나타난 인류구원 예언의 첫 예표요, 첫 모형이기도 하다. 바꿔 말하자면, 아담과 하와를 위해 희생된 그 짐승(양)이 예수 그리스도의 모형이었다는 뜻이다. 이 짐승의 옷을 입은 아담과 하와는 비로소 자신들의 수치를 가릴 수 있었다. 이것이 바로 하나님이 제정하신 초자연주의적(超自然主義的), 신본주의적(神本主義的) 구원 방법이다.

흰 옷은 "이십사 장로들이 입는 옷"(계 4:4), "죄악을 승리한 성도가 입는 옷"(계 3:4, 5), "예수 그리스도를 위해 순교한 성도들에게 입혀지는 흰 두루마기"(계 6:11), "구원받은 성도들이 입는 옷"(계 7:9), "어린 양의 피에 그 옷을 씻어 희게 된 옷"(계 7:14), "하늘에 있는 군대들이 입는 옷," "희고 깨끗한 세마포 옷"이다(계 19:14).

거룩하신 예수 그리스도 앞에서 인간의 영적 수치를 가릴 수 있는 것은 무엇인가?

그것은 오직 예수 그리스도의 피밖에 없다. 요한계시록 19:8에 보면 "빛나고 깨끗한 세마포를 입게 하셨은즉 이 세마포는 성도들의 옳은 행실이로다"고 했다. 예수 그리스도의 피로 속죄받은 성도들은 옳은 행실로 옷을 입어야 할 것이다. 그러나 라오디게아교회의 성도들에게는 옳은 행실이 없이 벌거벗은 수치스러운 모습만 보였을 뿐이다.

그러면 성도의 옳은 행실이란 어떤 것인가?

포도나무 가지가 나무에 붙어있어야 가지가 살고 또 열매를 맺게 되듯이 신자는 믿음으로 예수 그리스도에게 온전히 소속되어 있어야 생명이 있으며 그리고 하나님의 말씀을 특히 예수 그리스도의 계명을 지켜야 열매를 맺을 수 있다. 그 열매가 성도의 옳은 행실이다.

> 네 마음을 다하고 목숨을 다하고 뜻을 다하여 주 너희 하나님을 사랑하라 하셨으니 이것이 크고 첫째 되는 계명이요, 둘째는 그와 같으니 네 이웃을 네 몸과 같이 사랑하라 하셨으니 이 두 계명이 온 율법과 선지자의 강령이니라(마 22:37-40).

새 계명을 너희에게 주노니 서로 사랑하라 내가 너희를 사랑한 것 같이 너희도 서로 사랑하라(요 13:34).

이 계명대로 위로 하나님을 경외함으로 말씀에 순종하고, 아래로는 이웃을 예수님을 본받아 사랑하는 것이다. 이웃 사랑의 실천이 하나님을 경외한다는 증거가 되고, 아름다운 열매가 된다.
이것이 바로 하나님이 요구하시는 '옳은 행실'이 아니겠는가!
이러한 옳은 행실로 옷을 입기를 원하신다.

(3) "안약을 사서 눈에 발라 보게 하라"(και κολλουριον εγχρισαι τους οφθαλμους σου ινα βλεπης)

요한계시록 3:18은 세 개의 문장으로 구성되어 있는데, "나에게서부터 사라"(아고라사이 파라 에무, αγορασαι παρ' εμου)는 문장이 세 문장 모두에게 해당된다. 그리고 두 번째와 세 번째 문장에는 이것이 생략되어 있다. 그래서 "나에게서 흰 옷을 사라," "나에게서 안약을 사라"고 번역이 되어야 할 것이다. 그래서 "불로 연단한 금"과 "흰 옷" 그리고 "안약"이 예수 그리스도에게서만 구할 수 있는 것임을 의미한다.

라오디게아교회는 맹목(盲目)의 병이라는 진단을 받았다. 영안(靈眼)이 어두워 보이지 않는 것이다. 예수님께서 당시 종교지도자라고 자처하는 바리새인들을 향해 "소경"이라고 책망하신 바 있다(요 9:41).

라오디게아에는 약(藥)학교가 있어서 좋은 약들이 많이 생산되어 약신(藥神) 아스크레비우스를 숭배할 정도였다. 물론 안약도 생산되었을 것이다. 주님께서 말씀하시는 것은 육신의 눈에 필요한 안약을 말씀하시는 것이 아니라 영적 안약 곧 보이지 않는 세계의 것을 볼 수 있게 치료하는 안약을 말씀함이다. 밝은 눈으로 자아의 적나라한 모습을 보라는 것이다. 교회의 영적 상황을 보라는 것이다. 시대적 상황을 보라는 것이다. 하나님의 뜻을 밝히 보라는 것이다. 그리고 자아가 해야 할 일이 무엇인지를 알라는 것이다.

예수 그리스도만이 가지고 계시는 안약을 사서 바르라고 권고하신다. 이것이 치료방법임을 가르치심이다. 이것 역시 주님의 사랑 표현이다.

"바르라"(엥크리사이, εγχρισαι)는 "기름을 바른다"는 뜻으로 성경 안에서는 성령을 의미한다. 주님에게서 성령을 받아야 어두운 눈이 치료되고, 밝히 볼 수 있게 된다는 것이다. 성령을 받아야 영계를 볼 수 있는 눈이 밝아진다. 그리고 성경에 나타난 하나님의 뜻을 밝히 깨닫게 된다. 그뿐만 아니라 성령을 충만히 받게 되면 세계사의 흐름 곧 과거와 현재와 미래를 성경의 눈으로 보게 되고, 깨닫게 된다.

선지자 엘리사의 종 게하시가 밖에 나아가 아람 군대 수십만 명이 자기들을 포위하고 있는 것을 보고 놀라 겁이 나서 엘리사에게 달려가 보고했다. 이때에 엘리사가 "두려워하지 말라 우리와 함께 한 자가 저희와 함께한 자보다 많으니라"(왕하 6:16)라고 하며, 기도한즉 게하시의 영안이 밝아져 하늘에 가득히 불말과 불병거가 있어 엘리사를 둘러있는 광경을 보았다. 모름지기 그리스도인은 불신자와는 달리 영안이 밝아야 한다.

그리스도인은 불신자와는 영적으로 존재 위치의 차원이 다르다. 더욱 높은 차원에서 위로 하나님과 영계를 보며, 성경에서 말씀하시는 인류 역사에 나타난 하나님의 섭리(攝理)을 깨달으며, 아래로는 역사의 흐름을 볼 수 있는 눈을 갖게 된다. 그러므로 항상 준비할 수 있게 되는 것이다.

라오디게아교회 신자들은 좋은 약들을 소유하고 있으므로 어떤 병이 든 지 치료할 수 있다고 자만심에 차 있었을 것이다. 그러나 주님의 진단 결과 인간의 방법으로는 치료 불가능한 병에 걸려 있었다. 그 병은 사망에 이르는 병이요, 멸망에 이르는 병이다. 역사의 종말을 고하는 병이다.

신자의 개인적 믿음 생활과 주님의 몸 된 공동체로서의 교회 생활에는 반드시 성령을 받아야 한다, 그리고 충만히 받아야 한다. 성령이 없이는 하나님의 일을 전혀 할 수 없기 때문이다. 인간의 힘과 능력으로 무엇인가는 할 수 있을 것이다. 그러나 인간의 힘과 능은 하나님의 일을 하는 수단이 될 수는 결코 없다. "만군의 여호와께서 말씀하시되 이는 힘으로 되지 아니하며 능으로 되지 아니하고 오직 나의 영으로 되느니라"(슥 4:6)는 말씀과 같이 라오디게아교회의 병은 하나님의 영으로만 치료할 수 있으며, 그것만이 그 교회가 생명력을 소생시킬 수 있는 유일한 길이다.

오늘날 인간적인 힘과 능에 의존하는 교회가 너무 많아지고 있다. 여러 가지로 조직과 행정력을 강화하고 교회를 운영하려고 한다. 물론 조직과 행정이 필요하다. 그러나 그것이 전부여서는 안 된다. 그 이전에 성령의 능력을 충만히 받아야 한다. 교회라는 공동체는 성령으로 시작하고, 성령으로 진행하고, 성령으로 발전하고, 성령으로 일을 하고, 성령의 결과를 얻는 성령의 공동체이다.

그리스도인에게는 땅의 것을 초월하여 위의 것을 보는 눈, 영원을 사모하는 눈이 필요하다. 다니엘처럼 영계를 보는 눈이 필요하다. 세계사의 흐름은 곧 정신의 흐름인데, 그 정신의 흐름은 곧 영계의 흐름이다. 우리에게는 세계사에서 영계가 어디로 흐르고 있는가를 볼 수 있는 눈이 필요하다. 그것은 성령을 받음으로써만 밝은 눈을 가질 수 있다. 육신의 눈으로 본 라오디게아교회는 훌륭하고, 깨끗하고, 부요하고, 능력 있고, 행복한 교회로 보였지만, 성령의 눈으로 보면 죄악투성이요, 추하고, 무능하고, 무기력하고, 가련하고, 불행하고, 병들고, 시체와 같은 것으로 보이는 것이다.

이것이 오늘 우리들의 교회의 모습이 아닌가?

또한, 개인적으로는 곧 나의 모습이 아닌가?

라오디게아교회는 영안이 어두움으로 자아(自我)의 모습을 보지 못하고, 알지 못하고 있다. 곤고하고, 가련하고, 가난하고, 벌거벗고, 눈먼 것을 알지 못했다. 영적 무지의 병에 걸려 있었다. 어느 시대에나 교회와 신자는 이 병을 치료받아야 한다.

예수 그리스도께서는 라오디게아교회에게 다음과 같이 권고하셨다.

① 불로 연단한 금을 사서 부요하게 하라.
② 흰 옷을 사서 입어 벌거벗은 수치를 가리우라.
③ 안약을 사서 눈에 발라 보게 하라.

영적 가난의 병을 치료하여 믿음에 부요한 자가 되고, 그리스도의 십자가 피로 씻음 받은 의(義)의 옷, 흰 옷을 입자.

성령의 안약을 사서 눈에 바르므로 영적 무지의 병을 치료받고 영계를 보는 밝은 눈을 가지자.

주님께서는 열심을 내라, 회개하라고 재차 사랑으로 권면하신다.

3) 약속

예수 그리스도께서는 라오디게아교회에게 두 가지 약속을 하신다.

첫째, "내 음성을 듣고 문을 열면 내가 그에게로 들어가"(εαν τις ακουση της φωνης μου και ανοιξη την θυραν, και εισελευσομαι προς αυτον, 계3:20).

이것을 직역하면, "만일 누구든지 나의 음성을 듣고 문을 열면, 내가 그에게로 들어갈 것이다"이다.

예수 그리스도께서는 편견으로 굳게 닫혀있는 것을 알고 계시면서도 계속 노크하신다. 마음의 문을 열면 주님께서 들어오시고, 교통하고, 한 몸이 되고, 영적으로 최상의 경지에 이르게 될 것을 약속하셨다. 이것은 그리스도의 놀라운 선하심과 겸양에 의한 화해의 교제를 뜻함이다.

이 말씀은 현재 교회의 주인이신 예수 그리스도께서 라오디게아교회 안에 계시지 않고 문 밖에 계시다는 뜻이다. 믿는다고 하면서 주님을 추방해버린 비신앙적 슬픈 상태이다. 그 교회가 황금만능주의와 안일주의 그리고 형식주의에게 예수 그리스도의 자리를 내어주고 주인이었던 예수 그리스도를 교회 밖으로 추방시켜 버린 상태임을 말하는 것이다.

그런데도 그리스도께서는 죄인을 긍휼히 여기시는 은혜로운 말씀으로 문을 열라고 계속적으로 노크하고 계신다. 가장 가까운 곳에 계시면서 죄인의 이름을 부드럽게 부르시면서, 못 자국이 있는 손으로 죄인의 마음의 문을 노크하신다. 하나님의 뜻을 알지 못하는 무지와 불신앙과 죄악 된 그 교회의 문과 인간의 마음의 문에는 착각이라는 의(義), 진실(眞實), 열심(熱心), 사랑(愛)의 색이 칠해져 있다. 자기기만에 깊이 잠들어 있는 교회를 일깨우시려고 계속 노크하신다. 끝까지 인내하시며, 이름을 부르시며, 노크하시는 주님의 모습에는 무한한 사랑으로 충만해 있다.

문을 연다는 것은 두 손과 두 발에 못 자국이 있고, 옆구리에 창자국이 있는 예수 그리스도를 영접하겠다는 의미이다. 이 태도는 인간 스스로 죄인임을 인정하는 것이며, 현재의 삶이 성경 말씀에 어긋난다는 것을 인정하는 것이며, 구원을 요청하는 겸손하고 용기 있는 결단의 태도이다.

예수 그리스도께서는 교회 안으로, 죄인의 마음 안으로 들어오신다. 중심에 좌정하신 주님께서는 친히 준비해 오신 새 생명과 무궁한 은혜와 갖은 좋은 것으로 더불어 먹게 하신다. 그래서 영적으로 참된 부요를 체험케 하신다. 이때에 비로소 과거의 것들은 헛된 것이었으며, 이 새것이 참된 것임을 깨닫게 되고, 참 만족을 느끼게 된다. 그렇지만 끝까지 고집하여 문을 열지 않고 거부하는 자는 무서운 진노에 의한 영원한 심판의 벌을 받게 될 것이다.

100호의 가정이 있는 어느 가난한 마을에 그 나라의 임금님이 보화를 가지고 오신다는 소식이 전해졌다. 마을 사람들이 온종일 기다리다가 지쳐 모두 집으로 돌아갔다. 깊은 밤이 되었다. 임금님이 그때야

오셔서 한 집, 한 집 다니시기 시작했다. 모두가 깊이 잠들어 있었다. 어느 집에 가서 가볍게 문을 노크하니 집주인이 얼른 일어나 임금님을 영접했다. 이때 임금님이 금보화가 들어 있는 주머니 하나를 그 사람에게 선물로 주었다. 또 어느 집에 가서 두 번 노크하니 주인이 문을 열었다.

임금님이 역시 금 보화 주머니를 선물로 주셨다. 또 어느 집은 열 번 정도 노크하고 큰소리쳐야 일어나 영접했다. 역시 그 집에도 금 보화 주머니를 한 개 주셨다. 그렇게 아흔아홉 집을 다 다니시고, 마지막 집에 가셨다. 아무리 노크하고 외쳐보아도 응답이 없다. 주인은 어렴풋이 노크 소리가 들려도 추운데 일어나는 것보다 아랫목에 잠자는 것이 더 좋았다. 결국, 그 집의 문이 열리지 아니했다. 임금님은 마지막 하나의 주머니를 가지고, 슬픈 기색을 띠며 왕궁으로 돌아가셨다.

다음 날 아침이 밝았다. 온 동네가 기쁨에 넘치게 되었다. 가난한 집 안이, 가난한 마을이 하루 아침에 부자가 되었다. 그러나 한 가정만이 변함없이 여전히 가난하고 슬프게 살게 되었다.

둘째, "이기는 그에게는 내가 내 보좌에 함께 앉게 하여 주기를" (ὁ νικων δωσω αυτω καθισαι μετ' εμου εν τω θρονω μου, 계 3:21).

라오디게아교회를 향하여 약속하신 것은 다른 교회에 대해 하신 약속과는 다르며, 그 절정을 이루고 있다(계 2:7, 11, 17, 26-28; 3:5, 12을 보라).

예수 그리스도께서 라오디게아교회를 향해 지적하신 잘못된 일들 가운데서 주님의 말씀과 믿음을 지키고, 사탄과 싸움에서 승리하는 자에게 주시겠다고 약속하신 것은 특별하다. 그것은 "내 보좌에 함께 앉게 하시겠다"는 것이다. 요한과 야고보의 어머니는 예수님에게 자기

두 아들을 위해 주님의 오른편과 왼편의 자리를 요구했었다(마 20:21).
그리스도께서 앉으시는 보좌는 여러 가지로 표현되어 있다.

① 영광의 보좌(마 19:28; 25:31).
② 은혜의 보좌(히 4:16).
③ 하나님 오른편에 있는 보좌(히 12:2).
④ 하늘에 있는 보좌, 벽옥과 홍보석 같고 무지개가 둘려있는 보좌 (계 4:4).
⑤ 흰 보좌(계 20:11, 심판의 보좌).

예수 그리스도의 보좌에 함께 앉게 하시겠다는 약속은 최대, 최고의 축복이요, 영광이다. 이것은 승리라는 것이 그만큼 어렵고도 값진 것임을 나타내는 표현이다. 예수 그리스도를 위해 순교를 당하는 것이 인간적으로 볼 때 어리석고, 손해를 보는 일이고, 미련해 보일지라도 영적으로는 세상의 그 무엇과도 비교가 될 수 없는 하늘의 영원한 영광과 능력과 권세가 약속되어 있는 승리의 길이다.

예수께서 다음과 같이 말씀하셨다.

> 내가 진실로 너희에게 이르노니 세상이 새롭게 되어 인자가 자기 영광의 보좌에 앉을 때에 나를 따르는 너희도 열두 보좌에 앉아 이스라엘 열두 지파를 심판하리라(마 19:28).

누가복음 22:30에서도 비슷한 말씀을 하셨다.

너희로 내 나라에 있어 내 상에서 먹고 마시며 또는 보좌에 앉아 이스라엘 열두 지파를 다스리게 하려 하노라(눅 22:30).

진실로 승리자 곧 '순교자'에게는 보좌에 앉아 심판의 권세를 받아서 그리스도와 더불어 천 년 동안 왕 노릇하리라고 말씀하셨다(계 20:4).

예수님의 생애는 승리로 시작하고 승리로 끝을 맺으셨다. "세상에서는 너희가 환난을 당하나 담대하라 내가 세상을 이기었노라"(요 16:33)고 하셨고, 십자가 위에서 "다 이루었다"(요 19:30)라고 승리를 선포하셨다. 그리고 그 승리를 자신의 부활과 승천과 하나님 오른편 보좌에 앉으심으로 증거하셨다(막 16:19; 히 1:3; 8:1; 12:2).

지금 예수 그리스도께서는 라오디게아교회가 자신의 미지근한 믿음 생활을 그리고 자신의 가련하고 가난함과 눈먼 것과 벌거벗은 것을 깨닫고 회개하고 열심을 내어 문 밖에 서서 노크하시는 주님을 영접하기를 간절히 기다리고 계신다. 우리는 주님의 이 뜨거운 사랑을 깨닫자!

지금 우리가 구세주로 믿는 예수 그리스도께서 나의 마음의 문 안에 들어와 계시는가, 아니면 아직도 마음 문 밖에 서 계신가?

정직하게 자문해 보자.

그리고 토해 내침을 받지 않도록 우리도 계속 뜨거워지도록 노력하여야 할 것이다.

라오디게아교회를 향한 편지 역시 "귀 있는 자는 성령이 교회들에게 하시는 말씀을 들을지어다"로 끝을 맺고 있다.

제9장

결론

예수 그리스도의
마지막 편지

이 편지의 발신자이신 예수 그리스도께서 각 교회마다 "귀 있는 자는 성령이 교회들에게 하시는 말씀을 들을지어다"(계 2:7, 11, 17, 29; 3:6, 13, 22)로 끝을 맺고 있다.

귀 있는 자는 성령이 교회들에게 하시는 말씀을 들을지어다
(ὁ εχων ους ακουσατω τι το πνευμα λεγει ταις εκκλησιαις, 계 3:22).

- '호 에콘'(ὁ εχων): 에코(εχω, 내가 소유하다)의 현재분사 남성 단수 주격. "소유하고 있는 사람."
- '우-스'(ους): 귀.
- '아쿠-사토-'(ακουσατω): '아쿠-오-'(ακουω, 내가 듣다)의 제1부정과거, 미완료 능동태 2인칭 복수.

- '티'(τι): '티스'(τις, ~라는 것, what).
- '토 푸뉴-마'(το πνευμα): 성령.
- '레게이'(λεγει): '레고-'(λεγω, 내가 말하다)의 현재능동태 3인칭 단수.
- '타이스 에크레-시아이스'(ταις εκκλησιαις): '에크레-시아'(εκκλησια, 교회)의 복수 여격. "교회들에게."

주님께서는 일곱 교회 모두에게 동일한 말씀으로 편지의 끝을 맺고 계시다. 각 교회에 대한 편지의 발신자는 예수 그리스도이신데 말씀을 하시는 분은 '성령'이라고 표현한 것은 요한계시록 1:1의 "예수 그리스도의 계시라 이는 하나님이 그에게 주사"라는 말씀과 함께 보면 삼위일체의 하나님을 말하고 있음을 알게 된다. 성부 하나님이 성자 예수 그리스도에게 주신 말씀을 성령께서 일곱 교회에 말씀하고 계시다.

"성령이 교회들에게"라는 복수형(複數形)의 말씀을 미루어 보아 각 교회에 보낸 편지가 그 교회에게만 해당한 것이 아니라 일곱 교회 모두에게도 해당한 말씀임을 알 수 있다. 그리고 더욱 확대해서 제일 세기에 소아시아 지역에 있던 교회뿐만 아니라 모든 시대에 모든 지역에 산재해있는 모든 교회들에게 주신 말씀임을 알 수 있다.

일곱 교회에 보낸 편지의 분명한 목적이 나타나 있는데 곧 믿음 때문에 고난과 박해로 인해 순교에 직면하고 있는 그리스도인들에게 용기와 힘을 주기 위해서이며, 인간의 상상 이상의 상급이 약속되어 있음을 확증하기 위해서이다. 그래서 각 교회마다 편지의 끝맺음에는 승리자를 위한 약속으로 가득 차 있다. 그리고 그 상급의 약속은 요한계시록 22:12, "보라 내가 속히 오리니 내가 줄 상이 내게 있어 각 사람에게 그 행한 대로 갚아 주리라"는 말씀에서 이루어진다.

승리자에게 주어질 상(賞)은 다음과 같다.

① 하나님의 낙원에 있는 생명나무의 열매.
② 둘째 사망의 해를 받지 않음.
③ 감추었던 만나와 흰 돌.
④ 만국을 다스릴 권세와 새벽별.
⑤ 흰 옷을 입게 하고, 생명책에서 이름이 지워지지 않게 함.
⑥ 하나님의 성전에 기둥이 되게 함.
⑦ 예수 그리스도의 보좌에 함께 앉게 함.

현대를 살아가는 그리스도인이 어떤 상황에 처해있다 할지라도 믿음에 승리자가 되도록 끊임없는 노력이 필요하다. 황금만능주의 사상, 안일주의 사상, 우상과 타협하는 사상, 정치 권력과 타협하는 태도, 세속화 사상, 예수 그리스도를 부인하는 불신앙적 사상, 사신(死神)주의적 사상, 혼합주의와 다원주의 사상, 기독교를 박멸하려는 정치세력과 다양한 세력, 그리고 기독교를 적대시하는 타 종교의 세력 등 다양한 적 그리스도적 세력들이 현대교회를 포위하고 있다. 우리는 그 모든 세력의 공격에서 승리해야 한다. 자아의 힘으로는 불가능하지만, 성령의 도우심을 받을 때 승리할 수 있다. 여기에 그리스도인의 노력과 인내가 절대적으로 필요하다.

오늘날 이 지구상에는 기독교 신자로서 자유스럽게 신앙생활 할 수 있는 국가들이 있는가 하면, 그와 달리 기독교 신앙의 자유를 누리지 못하도록 박해를 가하는 국가들도 있다. 어떤 나라는 법적으로는 기독교 신앙의 자유를 허락하면서도 실질적으로는 기독교를 도구화시키기 위해 정치적으로 국가의 통제를 받도록 하여 정부에 예속시키고 있다.

공산주의 국가와 이슬람 국가와 불교국과 힌두교 국가 그리고 독재 국가에서는 기독교 신앙이 허용되지 않는다. 여기에 있는 주님의 교회들은 드러나 있든지, 아니면 지하에 숨어 있든지 심한 박해를 당하고 있다. 여기에 성령의 권고하심은 "죽도록 충성하라 그리하면 생명의 면류관을 네게 주리라"(계 2:10)는 말씀이다.

그리고 신앙의 자유가 허용된 국가들에서는 기독교회가 여기 일곱 교회의 모습으로 나타나 있다. 교회적으로나 개인적으로 뜨거운 교회가 있고, 미지근한 교회가 있다, 충성하는 교회가 있고, 세상과 짝하는 교회가 있다. 생동적인 교회가 있는가 하면 반사상태(半死狀態)에 있는 교회가 있다. 영국의 역사학자 아널드 토인비(Arnold J. Toynbee)는 그의 책, 『역사 연구』(*A Study of History*)에서 서유럽 기독교회가 거듭나야 함을 강조하고 있다(p. 494).

교회는 항상 새롭게 거듭나는 개혁 운동을 계속해야 한다. 왜냐하면 교회의 신앙이 침체하거나, 후퇴하는 경우가 자주 있었기 때문이다. 교회가 영적 생명력을 상실하게 되거나, 쇠약해지면 윤리의 힘이 약화하여버리고 무기력해진다. 그 결과 그 사회는 도덕성의 힘을 상실하게 되고 진실과 정의가 숨어버리게 된다. 그리하면 교회가 그 사회의 방향을 제시할 능력과 권위를 상실하므로 아무런 좋은 영향을 끼치지 못하게 되고 만다. 맛을 잃어버린 소금과 같아서 길에 버려져 사람들의 발에 밟힐 뿐이다.

예수 그리스도께서는 지상의 교회가 구원의 방주와 반석이 되고, 든든한 구원성(救援城)이 되어 택한 모든 백성을 구원하기를 원하신다. 주님께서는 자신의 구원계획을 반드시 성취하실 것이며 그때 종말이 올 것이다. "이 천국 복음이 모든 민족에게 증언되기 위하여 온 세상에 전파되리니 그제야 끝이 오리라"(마 24:14)는 말씀대로 성경의 예언들이 모두 이루어져 가는 현상을 보면 종말이 임박해 옴을 알 수 있다.

그 종말이 바로 예수 그리스도의 재림 때를 뜻함이다. 예수 그리스도의 재림은 필연적인데 심판을 위해 오심이다. 그리고 그 심판은 교회로부터 먼저 시작하고 다음에 온 세상을 심판하실 것이다.

> 하늘에 기록된 장자들의 모임과 교회와 만민의 심판자이신 하나님 (히 12:23).

> 하나님의 집에서 심판을 시작할 때가 되었나니 만일 우리에게 먼저 하면 하나님의 복음을 순종하지 아니하는 자들의 그 마지막은 어떠하며(벧전 4:17).

> 악을 행하는 각 사람의 영에는 환난과 곤고가 있으리니 먼저는 유대인에게요 그리고 헬라인에게며(롬 2:9).

> 푸른 나무에도 이같이 하거든 마른나무에는 어떻게 되리요(눅 23:31).

환난을 받는 너희에게는 우리와 함께 안식으로 갚으시는 것이 하나님의 공의시니 주 예수께서 자기의 능력의 천사들과 함께 하늘로부터 불꽃 가운데에 나타나실 때 하나님을 모르는 자들과 우리 주 예수의 복음에 복종하지 않는 자들에게 형벌을 내리시리니 이런 자들은 주의 얼굴과 그의 힘의 영광을 떠나 영원한 멸망의 형벌을 받으리로다 (살후 1:7-9).

이와 같은 성경 말씀은 주님의 교회부터 먼저 심판하실 것을 예언함이니 교회 안에서 알곡과 쭉정이로, 양과 염소로, 좋은 곡식과 가라지로 구분하여, 오른편과 왼편으로 심판하실 것이다. 오른편에 있는 자들은 영생과 영광을 얻게 되고, 왼편에 있는 자들은 영원한 형벌인 불심판을 받게 될 것이다. 지상에 있는 교회는 "주는 그리스도시요 살아계신 하나님의 아들이시니이다"(마 16:16)라는 반석(페트라, πετρα) 위에 하나님의 아들이신, 예수 그리스도의 피의 값을 지급하여 세우신 하나님의 집이다(히 3:2, 5; 10:21; 벧전 4:17). 지상에서의 교회의 모습은 불완전하게 보인다.

모순투성이고, 불완전한 인간들의 모임이라 불의와 부정함과 진실치 못함이 많이 보인다. 사람들에게 실망을 주는 모습이 드러나기도 한다. 그러나 영적으로 보면 엄연히 거룩하신 하나님의 집이다. 하나님의 아들, 예수 그리스도께서 다스리신다. 언젠가는 그가 교회를 완전하게 하실 것이다. 그리스도의 완전한 신부(新婦) 답게 만들어 주실 것이다.

그렇다면 종말적 현상은 어떠한가?

"너희는 날씨는 분별할 줄 알면서 시대의 표적은 분별할 수 없느냐?"(마 16:3)라고 예수 그리스도께서 말씀하셨다.

현대인들은 지금까지의 삶의 경험을 통해서 혹은 과학적 지식으로 날씨를 예고한다. 내일의 날씨와 한 주간의 날씨, 날이 맑고, 흐리고, 비오고, 바람 부는 것을 알 수 있다. 그렇지만 정신적 세계의 현상이나, 영적 세계의 상황을 알지 못하고 있다. 현대를 살아가고 있는 그리스도인들은 이 세계에 현재와 미래에 어떤 일들이 벌어지고 있는지를 알아야 하고, 예감할 줄 알아야 한다. 그리고 그것을 예고할 사명이 있다.

그러기 위해서는 그리스도인은 반드시 정신적으로나, 영적으로 불신자들보다 높은 차원의 위치에서 역사의 과거와 현재와 미래를 볼 수 있어야 할 것이다. 바꿔 말하자면 성경적 입장에서 역사를 보고, 예수 그리스도의 눈으로 역사와 현실과 미래를 볼 수 있는 눈을 가져야 한다는 말이다.

지금은 어떤 때인가?

에베소서 5:16에 "때가 악하니라"고 하셨다. '하이 헤-메라이 포네-라이 에이신'(αἱ ἡμέραι πονηραί εἰσιν). '하이 헤-메라이'(αἱ ἡμέραι)는 "그 날들"이라는 말로서, 날(日)의 복수형이다. 그래서 단순한 하루(24시간)의 날이 아니라, "시대"를 의미한다. 시대가 악하다는 뜻이다.

예수님 당시 사람들은 하나님의 성전이 있는 예루살렘을 "거룩한 도성"이라고 일컬었다. 그러나, 예수님의 눈에 비친 예루살렘은 다음과 같았다.

① 하나님의 선지자들을 죽인 살인자의 도성이요.

② 하나님이 파송하신 의인들을 돌로 쳐 죽인 반역의 도성이요.

③ 하나님의 은혜와 사랑과 축복을 스스로 거역한 배은망덕의 도성이요.

④ 사탄에게 점령 당해 버린 도성, 사탄이 지배하는 도성이요.

⑤ 하나님의 아들, 메시아를 십자가에 못 박아 죽일 죄악의 도성이다.

그 죄의 악함의 결과 예수님의 예언(마 23:36-39)이 있은 지 40년 후에 로마 디도 장군에 의해 예루살렘성이 완전히 멸망되었고, 폐허되고 말았다.

그리고 예수님은 세상의 종말에 일어날 여러 가지 현상들을 말씀하셨다.

① 적그리스도의 출현.

② 난리와 난리가 일어날 것이다(전쟁).

③ 민족 대 민족의 전쟁, 국가 대 국가의 전쟁이 일어날 것.

④ 세계 곳곳에 기근과 지진이 일어날 것.

⑤ 그리스도인들이 핍박을 당해 어려움을 받게 될 것.

⑥ 거짓 선지자들이 일어나 성도들을 미혹할 것이다.

⑦ 사람들의 사랑이 식어지는 현상이 일어날 것이다.

⑧ 그러는 중에도 그리스도의 복음이 전 세계에, 땅끝까지 전파될 것이다. 바로 그때가 세상 종말이다.

그 종말 때에 세상에 어떤 현상이 일어날 것인가?

그중에 가장 중요한 것 두 가지만을 말해 보자.

첫째 현상은 이스라엘의 독립과 부흥이다.

마태복음 24:32의 무화과나무는 이스라엘 국가를 상징하며 그리고 포도나무는 예루살렘을 상징하는 것이다.

"무화과의 가지가 연하여지고 잎사귀를 내면 여름이 가까운 줄을 아나니"라는 이 말씀은 다음과 같은 의미가 있다.

① 정치적으로는 이스라엘의 독립과 부흥이다.
② 신앙적으로는 이스라엘 민족이 예수를 메시아, 그리스도로 공인하여 믿게 되고, 온 민족이 신앙적으로 크게 부흥하게 될 것이다.

정치적으로는 70년에 멸망했던 이스라엘이 1878년 만에 곧 1948년 5월에 독립하여 새로운 국가로 출발했다. 그리고 지금은 부강한 나라로 성장해 가는 중이다.

신앙적으로는 아직 이스라엘 민족 가운데 예수를 메시아로 믿는 사람은 극소수에 불과하지만 머지않은 미래에 이스라엘 국회가 예수를 메시아로 공인하게 될 것이며, 그렇게 선포하면 이스라엘민족은 모두가 예수를 메시아로 믿게 될 것이다. 그때 하나님의 위대하고 놀라운 축복이 이스라엘민족과 국가에 내려져서 세계에서 가장 부강한 나라가 될 것이며, 축복의 중심이 될 것이다(롬 11:25, 26; 슥 8:20-23를 보라). 이 예언이 이루어지기 위해 현재 전 세계의 교회들이 이스라엘 선교에 열심을 내고 있다. 그리고 심지어는 공산주의 국가에 있는 지하교회들까지도 여기에 동참하고 있다. 이러한 현상은 성경의 예언이 이루어질 때가 점점 임박해 오고 있음을 우리에게 말해주고 있는 것이다.

둘째 현상은 세계화(Globalization)와 세계정부(Global Government)의 출현이다.

고대에는 하나의 씨족사회가 모여서 부족사회를 이루고, 또 부족사회가 모여서 소국가를 형성하고, 소국가들이 모여서 국가를 형성했다. 그 국가들이 지금은 보다 더 큰 국가를 목표로 하여 합하고 있다. 그리고 또다시 마지막에는 전 세계가 하나의 국가가 될 수도 있다. 그런 과정이 현실적으로 성취되어가고 있다. 그래서 1990년대에서 '세계화'(Globalization)라는 말을 사용하기 시작했다.

화폐권에 있어서도 마찬가지이다. 미국 달러를 사용하는 국가들과 유로화를 사용하는 유럽 국가들이 생겨났다. 그리고 아세아에서는 아세아 나라들이 사용하는 아세아화(貨)를 만들자고 하고 있다. 이렇게 해서 전 세계가 세 그룹으로 나뉘어 화폐를 사용하다가 종국에는 전 세계가 하나의 화폐를 사용하는 때가 도래하게 될 것이다.

현실적으로 이 세계화는 이미 시작되었다. 그 한 가지 예를 들면 2008년에 발생한 미국 월(Wall)가의 금융파산이 미국만의 일이 아니라, 전 세계의 문제가 되어 세계국가마다 크게 어려움을 겪었다.

정치적으로는, 유럽은 유럽통합국을 이루어 유럽 전체를 통합 지배하는 대통령과 외무장관을 선정하기로 했다. 이렇게 전 세계가 두 그룹 내지 세 그룹으로 나뉘어 있다가 결국에는 전 세계가 하나의 국가 곧 세계 정부(Global Government)가 형성되리라고 보인다. 이것이 세계화의 궁극 목적일 것이다.

그러면 이와 같은 모든 과정을 이루게 하는 배후의 힘이 무엇인가?

성서학자들은 일찍부터 그것은 프리메이슨(Freemason)이라는 조직이라고 지적하고 있다. 그리고 마지막으로는 이렇게 세계화된 세계국가가 복음화된 이스라엘과 기독교 세계에 대하여 전쟁을 걸어 올 것이다. 이 전쟁에 앞장서는 것은 회교국가들이다. 그러므로 사무엘 헌팅턴(Samuel P. Huntington)은 『문명의 충돌』(The Clash of Civilizations)에서 기독교의 문명과 회교의 문명 충돌이 이루어질 것이라고 말하고 있다. 이 전쟁이 제3차 세계대전이 될 것이며, 아마겟돈 전쟁이 될 것이며(계 16:16), 세계의 종말이며, 예수님이 재림하실 때가 될 것이라고 믿어진다.

그리고 세계화에서 성경이 명시하는 십계명의 윤리(十誡命의 倫理)가 부정되면 다음과 같은 결과가 따른다.

첫째, 하나님에 대한 신앙적 윤리가 허물어진다.

둘째, 대인관계의 윤리가 근본부터 흔들리게 된다.

소돔과 고모라의 현상이 재현되고 있다. 이것은 무서운 심판이 곧 도래해 오고 있음을 예고함이다.

오! 기독교인들이여, 언제까지 금욕(金慾)에 탐닉(耽溺)하고 있겠는가?

언제면 세상 권력의 쓴맛을 깨닫겠는가?

언제까지면 안일함의 잠에서 깨어나겠는가?

언제까지 예수 그리스도의 영광을 도적질하려는가?

언제면 화인(火印) 맞아 굳어버린 양심이 깨어나겠는가?

언제쯤이면 그 알량한 고집(스크레-로테-스, σκληροτης, 의학적 술어로 '동맥경화'라는 뜻, 롬 2:5)을 던져 버리겠는가?

재림하시는 예수 그리스도를 어떻게 뵈려 하는가?

세상적 죄악의 다양한 물결의 도전(challenge)에 대항하여 예수 그리스도의 교회가 하나님의 진리 말씀과 믿음과 인내와 소망과 사랑이라는 무기를 가지고 응전(response)하므로 성령의 도우심을 힘입어 승리해야 할 것이다. 교회는 진리와 정의와 사랑으로 재무장해야 한다. 응전은 교회가 살아 있다는 생명의 증거이다.

우리 가운데는 아직 세상 죄악과 타협하지 않고 성령 충만하여 생생히 살아 있어 진리를 사수하는 창조적 소수의 사람이 남아 있다. 이 성령의 불씨를 활활 타오르게 한다면 우리들 교회는 예수 그리스도에게 인정받으며, 칭찬 듣는 교회가 될 수 있을 것이다.

예수 그리스도를 반대하는 다양한 세력에 의해 핍박을 받는 교회와 성도들이여, 조금만 더 인내하고 승리하자.

오늘의 고난과 비교할 수 없는 큰 영광이 우리를 위해 예비되어 있다.

이 소망에 확고히 서자.

하나님의 인류구원 계획이 완성되면 예수 그리스도께서 재림하실 것이다. 그때가 언제인지 하나님 아버지 이외에는 아무도 알 수 없다 (행 1:7).

우리는 성경에서 지혜를 얻자.

그리고 성경 말씀으로 시대적 상황을 조명해 보므로 주님의 재림이 얼마나 임박했는가를 알아야 한다. 그래야 준비할 수 있기 때문이다. 알지 못하는 자는 준비하지 아니하므로 그 종말은 비극일 것이다.

천 년이 하루 같고, 하루가 천 년 같게 시간을 다스리시는 주님께서는 우리의 회개를 기다리시며 심판을 유보하고 있는 것뿐이다. 준비하지 않는 자들에게는 도적같이 생각지 않는 때에 갑자기 오실 것이다(벧후 3:8-10). 이제 우리는 베드로의 권면에 귀를 기울여 보자.

> 그러므로 형제들아 더욱 힘써 너희 부르심과 택하심을 굳게 하라(벧후 1:10).

> 너희가 어떠한 사람이 되어야 마땅하뇨, 거룩한 행실과 경건함으로 하나님의 날이 임하기를 바라보고 간절히 사모하라(벧후 3:11).

> 근신하라 깨어라. 너희 대적 마귀가 우는 사자같이 두루 다니며 삼킬 자를 찾나니 너희는 믿음에 굳게 서라(벧전 5:8).

자! 이제 곧 깊은 잠에서 깨어나자.
그리고 회개하고, 새로워지자.
더러워진 옷을 그리스도의 피로 씻음 받아, 흰 옷을 입자!
영광의 보좌에 계신 예수 그리스도를 바라보자.
지혜로운 다섯 처녀와 같이 되어 보자.
재림의 주님을 영접할 준비를 하자.
예수 그리스도의 성결 되고 순결한 신부답게 예비하자.

사도 요한은 요한계시록을 끝맺으며 "이것들을 증언하신 이가 이르시되 내가 진실로 속히 오리라 하시거늘 아멘 주 예수여 오시옵소서"(계 22:20)라고 고백했다. 이것이 오늘 우리의 고백이어야 할 것이다. 아멘.

부록

아담에서 노아 홍수 심판까지 (창 5-7장)

아담은 130세에 셋을 낳은(창 5:3) 후 800년을 지내며 자녀를 낳음(향년 930세).

셋은 105세에 에노스를 낳은(창 5:6) 후 807년을 지내며 자녀를 낳음(향년 912세).

에노스는 90세에 게난을 낳은(창 5:9) 후 815년을 지내며 자녀를 낳음(향년 905세).

게난은 70세에 마할랄렐을 낳은(창 5:12) 후 840년을 지내며 자녀를 낳음(향년 910세).

마할랄렐은 65세에 야렛을 낳은(창 5:15) 후 830년을 지내며 자녀를 낳음(향년 895세).

야렛은 162세에 에녹을 낳은(창 5:18) 후 800년을 지내며 자녀를 낳음(향년 962세).

에녹은 65세에 므두셀라를 낳은(창 5:21) 후 300년을 지내며 자녀를 낳고 365세에 승천함.

므두셀라는 187세에 라멕을 낳은(창 5:26) 후 782년을 지내며 자녀를 낳음(향년 969세).

라멕은 182세에 노아를 낳은(창 5:29) 후 595년을 지내며 자녀를 낳음(향년 777세).

노아는 500세 후에 셈, 함, 야벳을 낳음(창 5:32, 아담부터 셈까지 10세대).

노아 600세에 홍수 심판(창 7:6). 150일간 물이 창일함(창 7:24). 홍수 심판 후 350년을 지냄(향년 950세; 아담부터 홍수 심판까지 1,656년간).

아담은 제8대손 라멕이 56세 되던 해 930세에 죽음.

므두셀라는 홍수 심판이 나던 해에 969세에 죽음.

라멕은 홍수 심판 5년 전에 죽음.

어거스틴의 세계사 칠 세대

제1세대 아담 – 홍수 심판(10세대; 1,656년간).

제2세대 홍수 심판 – 아브라함(10세대; 70인역 라틴역에 의하면 1,072년간).

제3세대 아브라함 – 다윗(14세대; 마태복음에 의한 대수. 1,156년간).

제4세대 다윗 – 바벨론 이주(14세대; 424년간).

제5세대 바벨론 이주 – 그리스도 탄생(14대; BC 586 – BC 3; 583년간).

　　　(아담에서 예수 그리스도 탄생까지 4,891년.)

제6세대 예수 그리스도 탄생 – 현재(그리스도의 재림까지).

제7세대 안식(행 1:7, "때와 시기는 아버지께서 자기의 권한에 두셨으니 너희가 알바 아니요").